トランプ後の世界

The world after Donald Trump became President

木村太郎が予言する5つの未来

木村太郎
Taro Kimura

★はじめに★

2016年11月8日に実施されたアメリカ合衆国大統領選挙は、大方の予想を裏切り政治経験が皆無のドナルド・トランプ（共和党）が勝利しました。

2015年6月にトランプタワーで行った大統領選挙への出馬表明演説で「メキシコは、問題がたくさんある人を（アメリカに）送ってくる。彼ら（問題があるメキシコ人）は、ドラッグを、犯罪をアメリカに持ち込む」などの破天荒な発言をして、当初はアメリカ国内で大きな反発を招きました。

その後も〝ムスリム（イスラム教徒）入国禁止発言〟〝女性蔑視発言〟など数々の「問題発言」を繰り返し、中央政界では「大衆迎合主義」、「高級紙」と呼ばれるアメリカ全国紙でネガティブキャンペーンの対象になった時期もありました。共和党では〝話題づくりの泡沫候補〟が言いたい放題をして共和党の品位が落ちるとして、〝トランプ降ろし〟をあの手この手で仕掛けた時期もありました。

しかし、トランプの問題発言が批判的にマスコミで取り上げられる回数が増えるたびに、有権者の支持率がアップしました。共和党の大統領選挙予備選を圧勝した勢いのままで、大統領選挙でヒラリー・クリントン（民主党）に勝利しました。トランプは、ビジネス経験は長いが政治経験はゼロ、中央政界にパイプがほとんどないため既存の政治的価値観に縛られないことなどが有権者に評価され、大統領選挙戦を勝ち抜きました。

私は今後の世界は「B.T.」と「A.T.」に分かれるのではないかと予想しています。「B.T.」とは「Before Trump」で、東西冷戦の終了を契機に「グローバリズム」が世界各国に広がり、世界の基準や経済の一体化が推し進められた時期を意味します。

「A.T.」は「After Trump」で、トランプ大統領が標榜する「アメリカ第一主義」をキーワードにした内政中心の政策がアメリカ国内で施行されることによって、冷戦後の世界を秩序立てていた「グローバリズム」が崩壊した時代です。つまり国際秩序が遠くない将来に、新しい価値観によって再構築される可能性があるのです。

本書では、第1章でなぜトランプ大統領誕生があり得ると、2015年末に私が言い切れたのか、その根拠を主に紹介します。

第2~4章では、トランプがアメリカの既存の価値観や腐敗した政治体質を払底したり、アメリカ社会そのものやNATOや中国、ロシア、メキシコなど関係国に関連する話題を中心に取り上げ、トランプ大統領の誕生で、アメリカ社会や国際秩序が今後、どのように変化していくか、大胆に予想しました。

終章に相当する第5章では、未来の日米関係はトランプ大統領の誕生でどのような影響を受けるのか、在日米軍の駐留経費関連や、将来的に起こり得る在日米軍の撤退問題を絡めて、予想し、今後の進路の決め方をアドバイスしています。

日本人はこれまで、日米安保条約など冷戦体制を引きずった安全保障体制と「グローバリズム」が今後も継続していくものと〝誤解〟していたにすぎません。欧州ではイギリスやフランスが、一国主義に立ち戻り、冷戦崩壊直後から活発化した「グローバリズム」からの脱却を目指し始めているのです。

2016年の大統領選挙で共和党のトランプ候補が勝利したのをきっかけに、

アメリカもグローバリズムと真逆に位置する「一国主義」に立ち戻る可能性があります。この場合日本は、アメリカの顔色を気にしないで自国のブレない価値観で外交努力を続けなければならないかもしれません。

日本ならではの価値観とはどのようなものかを考えなければならない今、時代を変えるパワーがあるトランプ大統領とは何者か、本書を読んで再確認していただければ幸甚です

木村太郎

2016年11月

もくじ

TRUMP
MAKE AMERICA GREAT AGAIN!

はじめに——3

第1章 ドナルド・トランプ 第45代アメリカ大統領へ
~私が1年前から「トランプ大統領誕生」を確信していた理由~

CONTENTS

CONTENTS

第2章 トランプが既得権社会と腐敗した米政界を変える
~クリントンキャッシュとトランプの脱ロビイスト政治~

第3章　大統領就任から100日で「アメリカ・ファースト」の国家が誕生する

〜蜜月期間はない。すべての施策は「アメリカ第一主義」から〜

CONTENTS

CONTENTS

CONTENTS

第1章
ドナルド・トランプ
第45代アメリカ大統領へ

私が1年前から
「トランプ大統領誕生」を
確信していた理由

TRUMP

MAKE AMERICA GREAT AGAIN!

★2016年　アメリカ大統領選挙　スケジュール

2016年

2月1日〜6月14日　民主党、全米各地で党員集会・予備選

2月1日〜6月7日　共和党、全米各地で党員集会・予備選

7月18日〜21日　共和党全国大会　ドナルド・トランプが大統領候補に選出。

7月25日〜28日　民主党全国大会　ヒラリー・クリントンが大統領候補に選出。

9月26日　第1回テレビ討論会（於：ニューヨーク州ホフストラ大学）

10月4日　副大統領テレビ討論会（於：バージニア州ロングウッド大学）

10月9日　第2回テレビ討論会（於：ミズーリ州セントルイス・ワシントン大学）
10月19日　第3回テレビ討論会（於：ネバダ州ネバダ大学ラスベガス校）
11月8日　一般有権者による投票および開票。ドナルド・トランプの当選が確実になった。
12月19日　選挙人による投票
２０１７年
1月6日　大統領および副大統領当選者が正式決定
1月20日　大統領就任式

★「いやらしいオヤジ」は「利権にまみれた女性」に勝利する

ドナルド・トランプは、2015年6月16日に、2016年アメリカ合衆国大統領選挙へ共和党から出馬することを発表しました。トランプは当時も、そして指名レースで勝利を確実にした現在も政治経験は皆無であるばかりか、「共和党員」ですらありません。共和党本部に頼み込んで、大統領候補指名レースに参加させてもらえた、盛り上げ役を期待された部外者に近い存在だったのです。

当初は、ビジネスの話題づくりを狙った泡沫候補と目され、知識層からは軽く見られていました。しかし、暴言と批判されながら歯に衣を着せない物言いが話題になるにつれて、初期キャンペーンが大々的にメディアの注目を浴び、広く一般の支持を集めたのです。

私は2015年末に、「今度の選挙ではトランプが勝つと言っているけど」と問われてこう答えたことがあります。

「今回のアメリカ大統領選挙は、〝いやらしいオヤジ〟と〝利権にまみれた女性〟の選択だけど、どっちを選ぶ？」と。

私は、いやらしいオヤジの方がまだましだろうと思っていました。

トランプの勝利のキーワードのひとつに「虚言、暴言」があると私は思っています。

まずは、昨年6月にトランプが登場した時、正直に言って驚きました。というのも「イスラム教徒は追い返せ、メキシコ人はアメリカに入れるな。こいつらはみんな悪い奴らだ」と言っていました。「こんなことを言っていたら、トランプはすぐに大統領選挙戦から撤退させられるだろう」と思っていたら、私の予想を裏切りアメリカ国内での支持率が右肩上がりで上がっていきました。

それを見ていて、「これはどういうことだ？」と考えてみました。

今はインターネットでトランプが大統領選への立候補を表明した以降の遊説風

景を全部見られるので、改めてチェックした結果「イスラム教、メキシコ人」というキーワードで聴衆が沸き立つシーンが目につきました。

ここで「はて？」と考えた結果、トランプが言った一言は実は、アメリカ人が裏山に向かって言いたかった〝本音〟だったのではないかと考え付きました。

私は東京新聞にコラムを連載しています。2015年2月ぐらいからアメリカ大統領選挙のことを集中的に取り上げていました。この年の8月ぐらいからトランプのことも書き始めて「この人はただものじゃないぞ」と思うようになりました。4カ月後の12月には「共和党のトランプがアメリカ大統領になる」とコラムで書いていました。

当時は日本のアメリカ通には嘲笑われました。「そんなことはあり得ないだろう」と言われました。でも私は「トランプ大統領はあり得るぞ」と、答えたのです。

★メキシコ国境に壁　歯に衣着せない本音で支持率上昇

今回のアメリカ大統領選挙に共和党から立候補していたドナルド・トランプは過激な発言で周囲の注目を集めていました。有権者が、本音を語らない政治家に辟易としていた反動もあり、トランプに支持が集まっているという分析もあったほどです。

トランプは2015年6月初め、アメリカ大統領選挙への立候補を表明した時に、〝タブー〟を破ってこう言い切りました。

「メキシコ人は、アメリカに不法入国して麻薬犯罪やレイプ事件などを起こす。彼らは締め出さなければならない」と。

アメリカの約3億1千万人の総人口のなかで、ヒスパニック系は5400万人、約17%を占め、選挙戦への影響は軽視できません。またメキシコからの不法入国者はアメリカの低賃金労働を支えている現実もあり、アメリカの政治家は〝不法移民問題〟に触れるのを避けて通るようにしていたのに、トランプはその禁忌を大胆にも破ったのです。

さらにその直後の2015年7月に、サンフランシスコで不法入国を繰り返していたメキシコ人が若い女性を殺害する事件を起こした時は「私が大統領になったらこんなことは起こさせない、そのためにもメキシコ国境に壁をつくる」と言い出したのです。

「メキシコ国境に壁をつくる」は、トランプを象徴する選挙公約として有権者の間に広まっていきました。そして、このサンフランシスコでの事件と一連の発言をきっかけに、トランプの支持率は急上昇します。当時の世論調査で共和党の大統領候補の中で支持率2位のジェブ・ブッシュの2倍、28%の支持を集めた有力候補となったのです。

トランプはその後も環太平洋連携協定（TPP）は「アメリカは他の参加国に

騙されるだけ」などとして、共和党の方針に反する持論をぶち上げました。

トランプの一連の過激な発言は共和党全体の信用失墜につながるとみた他の共和党候補は、いっせいにトランプたたきを始めましたが、支持率は上がりこそすれども下がらずじまいでした。

★「利権まみれの面々を押し流す」と高らかに宣言

〝トランプ大統領はあり得る〟と考えた根拠のひとつに、トランプ氏が遊説先で何度も口にしていたキーワードがあります。

そのひとつが「ドレイン・ザ・スワンプ（Drain The Swamp）」です。

スワンプとは、「沼地」を表す英語です。ワシントンはもともと誰も使っていなかった沼地で、アメリカ連邦政府が仕方なくここを首都にしたという経緯があります。つまり、ワシントンの正体はずぶずぶとした沼地といえるでしょう。一方のドレインは「押し流す、排出する」と日本語訳できます。

トランプはこのことば遣いで「既存の利権にまみれたワシントンの面々を押し流してしまえ！」と宣言していたのです。

遊説中にトランプが「私はワシントンに行く。そして……」と言うと、聴衆は「ドレイン・ザ・スワンプ」と応じるのがお決まりでした。「メイク・アメリカ・グレート・アゲイン（Make America Great Again）」も同じように使われていました。

★マスコミに表れなかったアメリカ人の本音

アメリカのマスコミの考え方は民主党に近い「リベラル」です。全米には97の全国紙があるそうですが、今回のアメリカ大統領選挙でトランプを支持したのはこの中の2紙だけです。しかもその中の1紙はニューヨークのタブロイド(大衆)紙のニューヨーク・ポストという状態だったのです。

報道内容で世界に影響を与えるアメリカの「高級紙」であるニューヨーク・タイムズやワシントンポストは、社説で大統領選挙では民主党のヒラリー・クリントン候補を支持すると表明していました。テレビは、もともとは中立を是としていると思われていたのですが、保守的傾向があるといわれるFOXニュース以外はヒラリー候補支持を打ち出していました。この様子は、あたかもヒラリー陣営のキャンペーンを新聞とテレビの各社がやっているかのように見えたほどです。

マスコミ各社による民主党支持とも思える大統領選挙の報道は、両者の癒着ぶりをトランプ支持者に疑わせるものとなりました。

また、「ウィキリークス（WikiLeaks：政府や企業など公的組織に関係した機密情報を公開するウェブサイトのひとつ）」が明らかにしたことによると、全米の民主党員を統率する民主党全国委員会（Democratic National Committee＝DNC）はCNNの有名なニュースキャスターで政治ニュース番組のアンカーを務めているウォルフ・ブリッツァーに請われて、共和党のトランプとのインタビューにおける質問を提供しています。DNCは「このような質問をして、トランプ氏を攻撃してほしい」と言っています。ウィキリークスは、このほかにも民主党とマスコミの癒着を次々と暴露しています。

アメリカ人にとっては、このような政治とマスコミの癒着は当たり前のことと思われていました。だから政治経験が皆無のトランプは、マスコミとのパイプがほぼないので、トランプ関連の情報はマスコミが「バイアス」をかけて伝えていると思っていました。

★既存マスコミの「トランプ批判」で人気に拍車

トランプが「スワンプ」するといったのは、政治家や、役人、ロビイスト（Lobbyist特定の主張を有する個人または団体が政府の政策に影響を及ぼすことを目的として行う私的な政治活動であるロビー活動をする、私的人物・集団）などです。この中には、実は既存マスコミも含まれています。

私が実際に体験したこのようなエピソードがあります。トランプの遊説会場に赴くと、マスコミ関係者は会場の一番後ろにある記者席に案内されます。トランプは遊説会場では必ず、私たちがいる記者席を指さして「あそこにいる、うそつきのマスコミども！」というのです。すると会場の聴衆は後ろを振り返ってブーイングの嵐になります。

トランプの発言を冷ややかに扱うマスコミが、トランプ批判をすればするほど「マスコミの奴らは、既得権にぶら下がる輩と同じ、ドロドロしたヘドロだ」という思いが、支持者に溢れていくのを感じさせられた瞬間でした。

既存のマスコミがトランプ氏を批判するほど、アメリカ国内にトランプ支持が広まるという〝逆効果〟もあったのかもしれないと思わされもしました。

民主党と共和党の両党が、それぞれ大統領候補を選ぶ予備選挙の選挙戦が始まってからしばらくの間は、マスコミ各社はトランプを取り上げています。「トランプの予備選挙立候補はジョークだろう。途中で選挙戦から脱落するに決まっている」と考えていました。

ただそれでも「面白い存在」だったので、トランプの遊説などを追いかけて紹介し続けていたら、これがアメリカ人に受けた。つまりは、初期のトランプ人気を支えていたのは実はマスコミだったのです。

しかし「このまま放っておくと本当に共和党の大統領候補になりそうだ」と気が付いて以降、各社はトランプ批判、キャンペーンを始めています。一般国民はこれでますます、「あいつら（マスコミ）が批判するトランプ氏は実はいい奴かもしれない」と思い始めました。

★トランプの想いはアメリカ人の本音

私がトランプ大統領を確信したのは、全米に広い支持基盤があるとわかったからです。

マスコミはトランプの支持者は、貧しくて教育レベルが低いアメリカの白人労働者だといまだに誤解しています。しかし選挙戦のふたを開けてみたら、「セレブ」とも呼ばれる高額所得者もいるし、黒人もいることがわかっています。女性票は取れないと下馬評で言われていましたが、選挙では白人女性票の50％はトランプに投票しているのです。

ですから「一概にトランプ支持者はこうだ」と言えないほどに、広範囲な支持を得ています。

トランプは共和党の予備選挙まではすべて私費で選挙資金を賄っていました。共和党の正式な大統領候補に選ばれてからは、寄付も集めていましたが、予備選挙から本選挙までを通算して費やした資金総額は、ヒラリーの9分の1です。安上がりな選挙をしたわけです。

テレビコマーシャルはあまり使わず、フォロワー数がヒラリーの1100万人より400万人多い1511万人の自身のTwitterでの情報発信が注目を集めるなど、ネットを上手に使ったことで安上がりな選挙が可能になったのです。

また、アメリカ人の本音を言っていたことが人気になったという事実は見逃せません。

トランプは、選挙戦でいろいろな政策の実行を掲げています。この一つひとつの背景には「ポリティカル・コレクトネス（political correctness）」という原則への反感があります。

ポリティカル・コレクトネスは、直訳すると政治的正当性となります。たとえば、アメリカでは、公式の場所では「黒人」と呼ばず「アフリカ系アメリカ人」と呼ぶようにするなど、用語の上で差別や偏見を取り除こうとする社会的な取り組みを意味します。

私は、オバマ大統領の時代になってから社会的正当性の一側面である「建前論」が表にぐっと押し出されるようになったと感じていました。

そのようななかでトランプは、2015年暮れの遊説で「私が大統領になったら〝メリー・クリスマス〟と言えるようになるよ」と言ったのです。日本人にはわかりにくいかもしれませんが、アメリカでは「ポリティカル・コレクトネス」に反するとして、公的な場所では〝メリー・クリスマス〟さえも言いにくい状況になっているのです。

合衆国憲法では信教の自由ということは決められているのですが、公の場所でクリスマスをお祝いするとイスラム教徒やユダヤ教徒からは「それは違うだろう」と言われてしまう。かわいそうなことに、老人ホームでツリーを立ててクリスマスを祝おうとしてもできない状況です。これが行き過ぎた「ポリティカル・コレクトネス」の現状です。

★行き過ぎた「政治的正当性」がヒラリーの致命傷に

オバマ大統領は世界でテロが起きても「イスラム過激派」とは決して言っていません。ただ「過激派」と言うだけです。「相手はイスラム教のジハード（聖戦）をベースにテロを仕掛けているのでは」と言っても、「いや、テロはイスラム教徒と関係ない」と頑なに言い続けています。ヒラリーも同様でした。

何ごとも建前論を正面に出していたから、オバマ大統領は核兵器廃絶を訴えたオスロ宣言でノーベル平和賞を受賞できたとも評価できます。しかしオバマ大統領の8年間の任期中に世界の核兵器の総量はそれ以前よりも増えているのです。

アメリカ国内では民主的な〝建前論〟を押し付けられた結果、伝統的な文化や概念の持ち主が息苦しさを感じるなど、アメリカ人の間では建前論疲れのような状況があります。

トランプが建前論に反するような暴言で「本音」を語ったのを聞き、救われたような気持ちになれたアメリカ人が多くいたのも、トランプ人気の高まりにつながったと言えそうです。

建前論に反する発言で救われたように思えたのは、アメリカの白人だけにとどまりません。メキシコ人などのヒスパニック系、ラテン系のアメリカ人はもちろん、黒人にとっても同様です。

あれだけメキシコ人の悪口を言うとヒスパニック系から嫌われると思われるでしょう。しかし実際は違います。アメリカに移民して子供が生まれたメキシコ人は、アメリカ永住権を得られます。子供はアメリカ国籍者として、アメリカで働けます。ここにメキシコから不法移民が入国してくると、ヒスパニック系アメリカ人の職を奪いかねない状況になります。だからヒスパニック系アメリカ人は「メキシコ人は、アメリカに入ってくるな」と言うようになるのです。

また、フロリダ州にはカストロ政権下のキューバから逃げてきたキューバ人が大勢住んでいます。その頭越しにオバマ大統領は、キューバのカストロ政権と関係を正常化してしまったのです。アメリカに亡命してきたキューバ人にとってオバマ大統領がカストロ議長と仲直りしたことは、2階に上がってはしごを外されたようにも思えます。

トランプは大統領選挙期間中に「従来からキューバへの経済制裁に賛同してきた」、10月にフロリダ州マイアミで行った集会では「キューバ政府が、信教と政治の自由、政治犯の釈放などに応じなければ、大統領選に勝利した後には従来の合意を覆す」と語り、大統領選挙に勝利した後は、オバマ政権が進めてきたキューバとの国交正常化に向けた取り組みを打ち切る可能性にも言及しています。

トランプのメキシコ、キューバ両政府に向けられた批判が、ヒスパニック系とラテン系のアメリカ人に評価され、ヒスパニック系などの票がトランプに投じられたと言えるでしょう。

また、アメリカ国内の黒人ですが、実は黒人社会のなかでも格差があります。黒人を旗印にしている活動を良く思わない黒人も多くいます。こういった人々がトランプ支持に回りました。

写真：AP アフロ

★リアルなアメリカ人の琴線に触れた「アメリカ第一主義」

トランプは、「アメリカ第一主義（America First）」という大原則に集約できる政策を掲げています。２０１６年４月27日に行われた外交政策に関した演説には、アメリカ第一主義を細かく読み解く材料が随所にみられると、私は思っています。

トランプの外交政策の演説によると、アメリカはこれまでに2度、世界を救っています。トランプの言葉では「最初は１９４０年代に、日本の帝国主義とナチス・ドイツをやっつけて第二次世界大戦に勝利したとき」です。

２回目は「何十年も冷戦が続いたものの、全体主義と共産主義に対して我々は大きな勝利を収めた」ときで、その背後には、旧ソ連邦のゴルバチョフ大統領とロナルド・レーガン大統領（共和党）の親密な関係があった、ともしました。

しかし現状は「ブッシュ（子）大統領のイラク（侵攻）の誤りがエジプト、リビア、そしてオバマ大統領のシリアの砂漠での外交方針に伝播し、中東地域の混乱を招き、〝イスラム国〟に勢力拡大の余地を与えた」と、最終的にはオバマ政権の失策で過激派組織のイスラム国が増長したと、名指しで現政権を非難しています。

その誤りの原因として「西側の民主主義を経験したことがなく、しかも興味がない国々で西側の民主主義をつくり出すという危険な考え」と断言し、「内戦、宗教的な狂信によって何千人ものアメリカ人が自身の生命や人生を無駄にした。またアメリカは数兆ドルもの資金を無為に費やした」と言い切っています。

トランプは翻って、現状の世界情勢下で、今のアメリカには第二次世界大戦や東西冷戦に勝利した往時の力はない、だから世界第一ではなく「アメリカ第一主義」でモノを考えると言ったのです。オバマ政権も推し進めていた「汎アメリカ主義」は、国情によってはただの押し付けであるとの認識も垣間見えます。

★現政権の5大失策を批判した外交政策演説

「これなら支持が増えるのも無理はない」

トランプは、先述した4月27日の外交政策演説では、これまでの演説と違ってテレプロンプター（視線を下げずに原稿を読む装置）を使い、既存の政治家と同様の演説の作法にならっていました。しかし訴える政策は、立候補当初から一切ブレないひと味もふた味も違う、トランプらしい主張をしました。

以下に、この演説で示された外交政策方針のあらましをまとめます。

演説ではまず、自国の指導者を名指しで批判してから、現政権の主な外交的失敗について5項目を紹介しました。

第1に、「オバマ大統領は、自由主義経済を旗印に、アメリカの市場を開放してきた結果、アメリカ経済が弱体化し、国内経済の低成長を招き、現在、年間1兆円に迫る巨額の貿易赤字に悩む状態になった。他国の経済再建を支援したために、アメリカ人の雇用を外国人に盗まれてしまった」と、アメリカの経済自由主義が国内の雇用を減少させ、国内景気に悪影響を与えていると論破しました。

第2に「我々の同盟国は公平な分担金を払っていません。本来は、セキュリティー関係の経費を応分に負担しなければならないのに、多くの国はまったくそうしていない」と、日本を含む同盟国の安全保障タダ乗り論を展開しました。

「たとえば、NATOの加盟国28カ国のうち、アメリカを除けば、4カ国しか防衛のために必要最低限とされるGDPの2%を費やしていない。一方、アメリカは、多大な時間と数兆ドルを費やして、飛行機、ミサイル、船舶などの装備を整備し、ヨーロッパとアジアを防衛するため軍隊を整備してきた。アメリカが防衛しようとしている国々は、この装備関係費用を支払わなければならない」

結論として、「同盟国が応分の負担をすれば、アメリカ抜きでも世界全体がより安全になる」と宣言しました。

第3番目は、「アメリカの友好国がアメリカは頼りにならないと考え始めている」とイランの核開発疑惑など中東に関わる交渉の不適切さへの批判です。

イランの核問題については、イラン政府がアメリカとの交渉で合意した核兵器開発の放棄をしていないと述べてから「イランは核兵器を持つことを許されない、トランプ政権の下で、核兵器を持つことは決して許されません」と言いました。

さらに、「オバマ大統領がエジプトの親イスラエル政策を採るムバラク政権がムスリム同胞団に取って代わられる原因をつくった」、「バイデン副大統領は、イスラエルの右派リクード政権を批判した」とそれぞれを非難しています。

第4番目は、アメリカの権威の失墜を嘆きました。

「オバマ大統領のエア・フォース・ワンがキューバに着陸した時、キューバ指導者は誰も彼を迎えることがなかった」

「オバマ大統領は、北朝鮮が侵略兵器を増強し、核ミサイルの到達範囲をさらに伸ばしていくのを無為に監視するだけだ」

「大統領は、中国がアメリカへの〝経済的攻撃〟を続け、アメリカから雇用と富をかすめ取っているのに、米中間での貿易協定の執行を拒否した」

「中国はサイバー攻撃でアメリカ政府の秘密を盗み出し、米国とその企業に対する産業スパイ活動にも従事している」

オバマ大統領のキューバ、北朝鮮、中国との外交姿勢を批判しました。

最後の5番目には、アメリカが冷戦の終結とソ連が崩壊した以降に、首尾一貫した外交姿勢を取れていないと指摘しました。

端的な例として「アメリカはリビアを空爆し、現政権の排除を目指しているものの、中東はこれでかえって不安定で混沌な状態になり、なかでもキリスト教徒が激しい迫害、大量虐殺の対象になった」と、中東のシリアでのオバマ大統領の軍事外交面での姿勢を批判しました。

また「イラク、リビア、シリアでのアメリカの外交姿勢が〝イスラム国〟を勢いづけた」、「ヒラリー・クリントンの夫、ビル・クリントン大統領のリビアへの介入が失敗した後、ベンガジのアメリカ領事館がイスラム教徒のテロリストに襲われ、アメリカの駐リビア大使などが殺害された時、ヒラリーは何も手を打たずに自宅で寝ていた」ともしました。

以上を踏まえて、「急進的イスラム教徒との、軍事力も利用しての長期的な戦い」、「国防予算の増額、総兵員と戦略爆撃機な空軍戦力、戦艦など海軍戦力の増強」などに取り組むと言ったのです。

★孤立主義にも通じる汎アメリカ主義を主張

トランプは、2015年8月26日午前にCNN放送で中継された演説では、自説を〝ならでは〟の表現で主張しました。

「中国人は、アメリカ人の職と工場を奪っていったのに、アメリカは中国に1兆4000億ドルもの借金があるのは理解できません。私たちの代表が愚かで彼らが相当に利口だからだとしか思えません」

「先日、港に横付けされた巨大な船から日本車が続々と陸揚げされるのを見ました。アメリカはその代わりに牛肉や小麦を輸出しているのです。引き合うわけがありません。だから日本にも1兆4000億ドルの借金があるのです」

また、安全保障問題でもアメリカの責任が片務的であり、ドイツや韓国との関係に苦言を呈した後で、日本についてこう触れました。

「日本が攻撃されれば、アメリカはただちに救援しなければなりませんが、アメリカが攻撃されても彼らは何もしてくれないのです。これで公平なのでしょうか」

中国と日本への批判を通してトランプは、「アメリカ経済は指導者が無能だったから世界各国からつけ込まれてダメになったが、自分であればビジネスの世界でタフな交渉にも勝ってきた。だからアメリカを再び世界一にできる」と訴えたのです。

また孤立主義にも通じる、汎アメリカ主義の取りやめと「アメリカ第一主義」をアピールしたわけです。

★トランプはアメリカに見捨てられたアメリカ人の救世主

アメリカ国民はトランプの「アメリカ第一主義」に敏感に反応しています。自動車メーカーのフォードは、トランプが大統領選挙に勝利した翌週から、それまでメキシコ工場で生産していたピックアップトラックをアメリカ国内の工場に移管しました。トランプの政策をさっさと先取りして行動しています。

アメリカの農業関係者は、これ以上に日本向けに農産品を売らなければならないという発想は希薄でしょう。しかしそれでも、圧倒的なトランプ支持に回っていたことには間違いありません。

実は「アメリカ第一主義」とは、ヒラリーと民主党も思っていたことです。

そんな彼女らが負けると私が感じた理由のひとつには、映画監督のマイケル・

ムーアの言動があります。ムーア監督は、リベラルというよりも左翼に近い思想の持ち主です。その彼がトランプ批判のためのドキュメンタリー映画を作っていました。全米の各地でトランプ批判の声を拾ったところ、アパラチア山脈とロッキー山脈の間での取材は、全員がトランプ支持だったそうです。

彼らは口々に「アメリカから見捨てられていると思っている」と言ったようです。当然ですが、ムーア監督もそう感じたようです。

ムーア監督は「共和党の支持層が多いアメリカ中部の住民が、中央政府に不満を感じていると考えようともしない、ヒラリーと民主党は大統領選挙で勝てない」と考えていたのです。私は、結果的にこれが正解だったと思います。

日本の安倍総理が海外の首脳に先駆けて訪米し、トランプ氏と会談しましたが、日本側の成果は期待薄かもしれません。いずれにしろアメリカの変化は今後、日本の変化に結びついてくると思います。

第2章
トランプが既得権社会と腐敗した米政界を変える

クリントンキャッシュとトランプの脱ロビイスト政治

TRUMP

MAKE AMERICA GREAT AGAIN!

★ヒラリーは〝腐敗イメージ〟が致命傷

「ヒラリーは、権力の座に長くいて腐敗体質に染まっているイメージ」と有権者に思われたことが、選挙戦でマイナスに作用しています。

ヒラリーは、ビル・クリントンがアーカンソー州の州知事時代に始まり大統領の任期を満了するまでの間、ファーストレディだったわけです。以降、オバマ政権下では国務長官を務めた時期も含めた30年間、権力の座にいた間、常にお金にまつわる疑惑がついて回っていました。有権者は、政治的な腐敗の匂いをぷんぷんさせていると感じています。

またヒラリーは、政治的に「チャーミング」ではありません。

第一に演説が下手、ユーモアがないと有権者の多くは思っています。だからヒラリーの集会には人が集まりません。集客対策として芸能人を呼んで集会を盛り立てるしか方法がなかったのは、大統領選挙戦を戦う上で致命的な問題です。

翻ってオバマ大統領は、黒人であるが故の人気もありましたが、それ以上に演説が上手なために有権者の注目を集めていました。政治的な発言が「チャーミング」で「ユーモア」のセンスもあります。これはヒラリーのライバルであったトランプにも同様に当てはまる評価です。

トランプは従前の女性問題があって女性票を得られないともいわれていました。しかしアメリカ人女性の反応は必ずしもそうではありません。

たとえば、あるアメリカ人女性は「男性は、男性だけになると女性の話をしているに違いないでしょう！　それよりも、なによヒラリーは……」と、お金の問題をあげつらい始めます。

女性の評価は女性同士の方が厳しめになります。ヒラリーはそのため、女性票がついてきませんでした。

黒人票ですが、これがトランプにどの程度、投じられたかは別の話題として、棄権票が多かったことはわかっています。つまり黒人は「そこまで思い切ってトランプの応援はできないが、ヒラリーはオバマではない。だから投票しない」と、消極的にヒラリーの批判をしていたともみてとれます。

結論的には、〝腐敗体質〟にまみれたと有権者に思われたヒラリーには大統領選挙を勝ち抜く力が乏しかったと言わざるを得ません。

★政策論議をできずに敗北した一面も

「獲得票の総数はヒラリーがトランプを200万票以上、上回っている、だから選挙人を取り合う大統領選挙は……」という、不毛な論議もみられます。アメリカの大統領選挙は選挙人を奪い合う独特の方式で行われます。候補者はそれに沿った選挙運動をします。

たとえばカリフォルニア州は全米で最大の55人の選挙人がいますが、実は民主党の庭のような地盤です。おそらくカリフォルニア州の共和党員は、今日、投票せず棄権しているでしょう。ニューヨークも民主党支持が根強いので、この地の共和党員もカリフォルニアと同様、かなりの人数が投票を棄権していたはずです。

カリフォルニアとニューヨークに関しては、トランプ陣営は目立った選挙運動をしていません。ヒラリー陣営も同様です。というのも、何もしなくても民主党の票になるからです。

もしも、大統領選挙が選挙人方式ではなく総取り方式で行われるとしたら、ヒラリーとトランプは必死になって、カリフォルニア州とニューヨーク州で選挙運動を繰り広げたでしょう。こうなると当然ですが、票の出方が変わってきたはずです。

アメリカの大統領選挙は全米の選挙人を取り合う独自方式で行われるので「有権者による一般投票の総得票数ではヒラリーがトランプを超えていた」などとは、考えるべきでない話題です。

一方、トランプ大統領誕生の背景には民主党がアメリカ社会をグーンと左側に導いた結果、グンと右側に引き戻されたという事情もあります。左側にもっていったその跳ね返りのパワーはとても大きかったと思います。

同じようなことは、第39代大統領のジミー・カーター（民主党）の頃にも見られました。外交面では弱腰と揶揄されるほどであったことなどから、次の第40代大統領には右寄りのロナルド・レーガンが当選しました。

★実質〝第3期オバマ政権〟にアメリカ人はNO

あえて言えば、ヒラリーの政策はオバマ大統領の政策を丸々継承したものであったと言えるでしょう。私に言わせたら、ヒラリーには〝政策〟がないのです。最低賃金を15ドルに引き上げるとか、株の短期売買（保有1年未満）に対する課税率は高いままで維持するのですが、課税率の高い期間を現行の1年よりももっと伸ばし、短期間に株売買を繰り返して富を増やした「富裕層」を対象に増税しようという政策はあります。

でも、目新しい政策では、再生可能エネルギーの生産を大幅に拡大する方針を示し、大統領就任から10年以内にアメリカ国内すべての世帯に十分なクリーンエネルギーを供給する目標を設定しました。この一環として、就任から4年以内に全国的に太陽光パネルを5億枚以上設置する目標も掲げています。

しかし、有権者は「ヒラリーはそれぐらいのことしか言えていない」と感じたのでは、と私は思いました。

ヒラリーの外交、内政、経済政策のいずれをみても基本的に考え方はオバマ大統領の政策を継承したものになっています。これは有権者の立場で見ると「オバマ政権が第3期目に入った」とも見えます。悪い言い方をするなら「ヒラリーは〝オバマ人気〟にあやかろうとしているだけ」という腹の内が透けて見えるように思ったかもしれません。

「オバマケア」と名付けた健康保険制度は続けるとも言っていますが、有権者にとっての目新しさはありません。

★オバマ人気は「ヒラリー嫌い」のアンチテーゼ

オバマ大統領の支持率は昨年、40％台に落ち込んでいます。この数字を見れば、オバマ大統領の不人気度が相当に高かったことがわかるでしょう。しかしその後は、どういう事情があってか、オバマ大統領の支持率がぐんぐんと急上昇したのです。

先ほどレーガン、ブッシュと二代続けて共和党が大統領選挙を制した時期にこのことを重ねれば、ヒラリーの大統領就任はあり得ると〝誤解〟できるかもしれません。しかし実態はそうではありません。

オバマ人気が急回復した時期は、有権者からのヒラリーとトランプ、両方への批判が日増しに強まり、人気が高くなりにくかった時期とほぼ一致します。私は「あのヒラリーよりも、オバマ大統領の方がまだましだ」という理由で、オバマ大統領の人気度がアップしたとみています。

私は、大統領の任期が終盤を迎えたオバマ大統領が「何かをしたか？」と言われたら、何もしていないと考えています。あえて言えば、キューバとの関係改善がありますが、それは、大したことではないでしょう。

なんと言ってもヒラリーの不支持率は、ピークで70％近くと「すごいこと」になったのがオバマ人気の復活期と一致するのです。同時にトランプの不支持率も高かったのは事実ですが、それはマスコミがつくり上げた〝トランプ不人気〟であったと私は考えています。

ヒラリーの不支持率70％は有権者の本音です。マスコミがヒラリーを持ち上げたにもかかわらず有権者の不支持率が高率であったことから、私は民主党の候補者としてヒラリーは不適格だったと思います。

★オバマ人気のかげで「本音を言えない」息苦しさが

アメリカの政界には「ブラッドリー効果」という言葉があります。1982年のカリフォルニア州知事選を戦った黒人で元ロサンゼルス市長のトム・ブラッドリーが白人のジョージ・デュークメジアンに選挙で敗れたのをきっかけに生まれた言葉です。

カリフォルニア州知事選挙の下馬評でブラッドリーが圧倒的に優勢で、選挙当日の出口調査でも「ブラッドリーに一票を投じた」と答えた有権者が多数を占めました。しかし現実の得票数は、23万票余りの差でデュークメジアンが当選しています。

選挙後の調査で、人種差別主義者だと思われるのを恐れた白人が「ブラッドリーに一票」あるいは「棄権する」としたのに、実はデュークメジアンに投票していたのがわかっています。

これ以降、人種問題などの心理的バイアスなどから世論調査で本心を語らないことを「ブラッドリー効果」と呼ぶようになったのです。

今回の大統領選挙でも、ブラッドリー効果があったようです。

２０１６年大統領選挙の各種調査では、一貫してヒラリーがトランプをリードし続けました。しかし実際の投票では、ヒラリーに投票するあるいは棄権すると答えた有権者が、実はトランプに投票していたようです。

この理由には「トランプ支持を表だって言わない・言えない」という雰囲気が有権者の間にあったためとも言えます。

私は、トランプの支持層が「貧乏で教育水準が低い白人」と単純に類型化するのは困難という立場です。トランプ支持者には白人だけでなく、ヒスパニックや黒人もいたはずです。しかし、これらのトランプ支持層が顕在化しなかった理由には、「建前論」を大上段に出してくるヒラリーと民主党支持者に対して、反論するのが面倒だったからとも分析可能です。

トランプの語る本音の数々は、オバマ政権の8年間で一層に顕在化した「ポリティカル・コレクトネス」に反しています。「人種差別主義者」と言われて反論するのは厄介です。「だったらトランプ支持というのは面倒だ、いっそのこと黙っておこう」となるのです。

世論調査でもトランプ支持の様子は正確にとらえきれませんでした。「クリントン・ニュース・ネットワーク」と揶揄されていたCNNの調査では「説明が面倒くさいので、大統領選挙で投票しないで棄権する」と答えた人が多くいたようです。

テレビの世論調査でも、ポリティカル・コレクトネスがその場にあると、反論が面倒くさいのです。本音を言うと「正義の建前論をあまり正面に出さないでほしい」「建前論への反論が厄介だ」という気持ちがあったので、トランプ支持を事前に公表できない有権者が多くいたとみていいでしょう。

★マスコミへの反感も隠れトランプ支持を後押し

世論調査を行った既存のマスコミに対する反感も、トランプ支持者の実数を正確に算出させないように働いた可能性もあります。

アメリカのマスコミの90％以上がクリントン支持を打ち、露骨なトランプ氏批判を繰り返した結果、不快感を覚えトランプ支持者がマスコミへの協力を拒んだとも言われています。

一方、ネットの調査では、トランプ支持がヒラリー支持を上回っていました。

たとえば、トランプ支持の最右翼である「ドラッジ・レポート」によると、大統領選挙の第1回テレビ討論の勝者はトランプが81・5％でヒラリーの18・5％を圧倒的に上回っています。この他、トランプ優勢と打ったネットメディアは枚挙に暇がありません。

ネットユーザーは、ネットを通じて自分と世界を結びつけるもので、既存のマスコミに価値を押し付けられるのを毛嫌いするようです。だから、既存のマスコミが「クリントン優勢」というほど、ネットユーザーはヒラリーに反感を募らせ、トランプを支持したのかもしれません。

ネットの普及に伴い、世論の見極めが難しくなっています。

一説では、いわゆる隠れトランプ支持者は全米で５００万人に上ったとも言われています。今後は「隠れトランプ効果」と呼ばれる現象が、アメリカの政界でささやかれるのかもしれません。

★芸能大会で集客を余儀なくされたヒラリーの不人気ぶり

ヒラリーは、大統領選挙直前の最後の集会をペンシルベニアの宴会場で開催しています。この時は、レディ・ガガなど全米屈指の芸能人をゲストに招いています。聞いた話では、この集会でのチケットは、政治集会でなくロックコンサートの切符のように有権者に思われていたそうです。

それ以前から、ヒラリーの集会は動員力がないと言われていましたが、この時は極端に人が集まらなかったようです。

一方のトランプの最後の集会は、同じくペンシルベニアの中学校の体育館で行われました。この対比で、「ヒラリー人気」の底の浅い雰囲気がかえって強調され、共和党とトランプの大統領選での勝利が確定したとも分析できます。

というのもヒラリーの集会をテレビを見た有権者の間で「なんだ、民主党は俺たち労働者でなくてセレブのために政治をするのか」という反感が相当に広がったからのようです。

私は、トランプは相当にうまく演出できていたと思います。「彼は、セレブだけれど労働者のために政治をやろうとしているのではないか」と、有権者に思わせられたわけですから。

結果的にみると、選挙前の調査ではネット系メディアがトランプ支持、既存のマスコミはヒラリー支持でした。私は今回のアメリカ大統領選挙では、ドラッジ・レポートとブライトバート・ニュースというふたつのサイトで、票の情報の裏取りをよくしました。

ブライトバート・ニュースは超右派のニュースサイトですが、ここの報道がトランプ陣営の後押しをしたことに間違いありません。

たとえば、ニューヨーク・タイムズ紙が選挙戦の期間中に「30数年前に、トランプに飛行機内でいやらしいことをされた」と〝トランプの女性問題〟を大々的に掲載したことがありました。すると翌日にはネットでイギリス人が「言い寄っていたのは、むしろ女の方だった」「トランプが乗っていた飛行機の一等席ではひじ掛けを持ち上げられないが、トランプに言い寄られたという女性は、トランプがひじ掛けを挙げて迫ってきたなどと言っている」と追加情報をアップしていました。

ニューヨーク・タイムズ紙はそのようなネットでのやり取りをフォローせずじまいでした。結果的にネットユーザーの不興を買ったのかもしれません。

かように今回の選挙では、既存マスコミとネット系メディアの対比が明確だったのです。

なお、ブライトバート・ニュースのCEOであるスティーブ・バノンは大統領の最高顧問に就任しています。ホワイトハウスの情報は今後、ブライトバート・ニュースを見ないとわからないという状況になるかもしれません。

★ヒラリー最大の失策「メールゲート」事件

ヒラリーがトランプとの選挙戦で敗れた理由はいくつもあります。致命傷のひとつと言われているのが、いわゆるメールゲート事件、公的文書を私的なメールサーバーを使ってやり取りしていた一件です。メール問題については、ヒラリーの支持者を含めて、好意的にとらえる人はいません。

私はこの事件について、ヒラリーがアメリカ大統領選挙への立候補を正式に表明する以前の2015年3月に、今後に問題になると考えて東京新聞のコラムで紹介しました。

ヒラリーが、私的なメールサーバーでやり取りしていた文章の中に、国家の機密文書が含まれていたとしたら情報漏洩の罪に問われます。また、その公的な文章の一部がサーバーから削除されていたこともわかっています。公文書を削除した場合、USコード（連邦規則）で公民権停止になります。この事実が表ざたになると、ヒラリーはアメリカ大統領選挙に立候補できないのではないかと思ったほどです。

ヒラリーは「自分がうっかり間違えてメールを削除した」と言っています。しかし国務長官という重責にあったヒラリーが、メールの一番上にあった「親展」「重要」を意味する〝コンフィデンシャル（confidential）〟の「C」の意味を理解していないわけなどあり得ません。彼女はこの他にも弁解をしていますが、そうするほどに疑念が深まっていたのは間違いのない事実です。

また、ヒラリーのメールゲート事件で、一番人々の反感を買ったのは、実はオバマ政権が関与した事件だったからでもあるのです。

メールゲート事件を捜査していたFBIを指揮下に置くロレッタ・リンチ司法長官が、FBIがメールゲートの捜査打ち切りを宣言する数日前にビル・クリントンと密かに会っていたと、アリゾナのローカル紙が記事にしています。

その報道によると、ＦＢＩがメール問題の捜査をして結論を出すとしていた２０１６年8月、アリゾナ州フェニックスのとある飛行場にリンチ司法長官が乗った飛行機が着陸し、その扉が開くと、あらかじめ現地にいたビル・クリントンがスタスタスタスタ……と機中に入っていき、１時間ほどして出てきました。

その後ＦＢＩは「ヒラリーのメールの取り扱いは、〝不注意（Careless）〟であったものの、法に問うほどの証拠は見つからなかった」として、捜査の打ち切りを〝宣言〟しています。

リンチ司法長官は、アフリカ系アメリカ人であり、オバマ政権の考えである「ポリティカル・コレクトネス」を具体化する役割を任せられています。たとえば、２０１６年に頻発した黒人が白人警官に銃撃された事件で、「白人警官が悪い」という世論が徐々に広がっていった背景には、リンチ司法長官の考え方が色濃く反映されているとみて間違いないでしょう。

世論に影響を与えうるリンチ司法長官のもとに、ヒラリーの夫が駆け込んでいった直後に、ＦＢＩはヒラリーに罪がないと発表したことを「素直に受け取れない」と感じたアメリカ人は大勢います。

★メールゲートでヒラリーのカネがらみのスキャンダルが表舞台に

ヒラリーの大統領選挙の敗北にメールゲート事件がどこまで影響を与えたかはわかりません。しかし脚を引っ張ったことは間違いないでしょう。

私は、メールゲート事件が表ざたになれば、「ヒラリーは大統領選挙に立候補できなくなるぞ」と思ったほど、これは深刻な問題だと思いました。

私が、メールゲート事件に深く関心をもったのは「私的メールサーバーではどのような情報がやり取りされていたか？　超大国の外交連絡はどうやってやり取りされていたか？」という好奇心からでした。２０１６年３月に「ウィキリークス」がヒラリーが国務長官時代に私的なサーバーで交換していたメールを公開した時に、全文をダウンロードしました。

そのなかに、２０１２年９月11日に、リビア・ベンガジのアメリカ総領事館が襲撃され、クリストファー・スティーブンス駐リビア大使らが殺害された事件に関しては、国務省はリビアのベンガジから再三、警備強化を要請されていたのに、同省関係者はこれを無視していたのではないかという疑惑を抱かせるメールがあります。

２０１１年６月10日のヒラリー宛てのメールでは「ベンガジで大使館代わりに使用しているホテルが襲撃されるおそれがある」、９月14日にはフェルトマン国務次官補から大使館の警備についての要請もありました。

こうしたメールの一つひとつがヒラリーの評価に影響を与えたのです。

★「クリントンキャッシュ」もメール問題で表ざたになると期待された

メールゲート事件の背後でお金がらみの利権があったことも周知の事実になっています。

ヒラリーは、夫で元大統領のビル・クリントンと組んで「クリントン財団」と名付けた組織を経営しています。これがヒラリーの集金マシーンにもなっていました。財団関連のやり取りを、公式のメールサーバー経由で行っていたら、情報公開法の決まりに応じた公開申請が受理された場合、公にさらけ出されることになります。これを避けるためにヒラリーは私的なメールサーバーを使っていた、と言われているのです。

彼女は、オバマ政権で国務長官を務めていた時に、公的な立場を利用していろいろな仕掛けを使い、クリントン財団にお金が流れる仕掛けをつくっていました。そのことを後にわからないようにするために、すべての通信は私的なメールサーバーを使っていたわけです。

まず、罪に問えるのは私的メールサーバーで国家機密の関係した情報も扱っていたという事実ですが、その先にはクリントン財団の腐敗した運営があるわけです。だから、ヒラリーの私的メール事件は大きな問題になりえたのです。

クリントン財団を用いた資金作りは、2015年に発売された「CLINTON CASH」（著：Peter Schweitzer＝ピーター・シュバイツァー）と題されたグラフィックノベル（アメリカン・コミックの一種）に詳しくまとめられています。

著者のピーター・シュバイツァー氏はジョージ・ブッシュ大統領のスピーチ・ライティング・コンサルタントを務めた共和党関係者であったので、アメリカでは大統領選挙の1年以上も前から、共和党と民主党のスキャンダル合戦が始まったとも言われました。

「CLINTON　CASH」によりますと、アメリカのウラン鉱山を所有するカナダ企業を、ロシアの国営原子力企業ロスアトムが買収しようとしたのを、ヒラリー国務長官が許可した直後、クリントン財団にロスアトムが２３５万ドルを寄付しています。ロスアトムによる買収が成立したら、アメリカ国内のウランの20％をロシアが保有する、国家安全保障上の懸案になる恐れがあります。

なお、ロスアトムによる買収成立後に、同社からビル・クリントン元大統領に講演料50万ドルが振り込まれたとされてもいます。

また、クリントン財団がサウジアラビアから１０００万ドルの寄付を受け取り、ボーイング社からも寄付を受け取ったのち、ヒラリー国務長官はボーイング社のF－15を含む総額２９０億ドルの最新型戦闘機をサウジに売却。この他、ヒラリーが国務長官として在任していた期間中、20カ国に取引き総額１６５０億ドルの武器売買の商談が成立していますが、いずれの武器輸出の商談でも、成立前後に、軍事産業からクリントン財団への寄付が行われたと指摘されています。

一方、夫のビル・クリントン元大統領は、通信機器メーカーのエリクソンから講演料名目で75万ドルを受け取っています。エリクソンは、対イラン経済制裁中もなんらの影響を受けないでイラン国内で業務を続けていました。

この他、アメリカの政治家が海外筋から寄付を直接受け取る行為は法的に禁止されています。「CLINTON CASH」には、クリントン財団を利用した私的蓄財の様子が生々しく紹介されています。

ヒラリー陣営はYouTubeに〝BRIEFING.HILLARYCLINTON.COM〟と名付けたチャンネルを設けて「CLINTON CASH」の内容に対する反論に努めています。シュバイツァー氏側もヒラリー側も「自分たちの意見を証明する証拠はある」としています。

「CLINTON CASH」の発売後、ニューヨーク・タイムズ紙などがその疑惑を裏付ける報道をしており、周知の事実と化した感があります。ヒラリーの私的メール問題が「CLINTON CASH」をきっかけに、限りなく黒に近い灰色であると有権者の多くが感じたことに間違いないでしょう。

本作品は、2016年6月にドキュメンタリー映画として公開もされ、トランプと激しい中傷合戦を繰り広げるヒラリーには厳しい逆風になっていました。

★大荒れだった敗戦当夜のヒラリー

ヒラリーは、大統領選挙で敗れた翌日に会見を開き、敗北宣言をしています。選挙結果を受け入れ、勝利した共和党のトランプを称える格調が高い演説になっていると評価はされていますが、やはり端々に悔しい思いがにじみ出ています。ところで敗色が濃厚になった選挙当日夜に、ヒラリーがなぜ〝敗北宣言〟をしないのかと、懐疑的にみる選挙関係者が少なくありませんでした。

実は〝The American Spectator〟というメディアによると、ヒラリーは自身が敗北したことを悟ったとき、物を手に取り、出席者とスタッフに投げるなど制御不能な怒りにあった。そのために選挙に敗北した当夜に敗北宣言をできなかったそうです。

ヒラリーは、選挙当日のイベント会場として天井がガラス張りのホールを使用していました。「あの高いガラスの天井を打ち破ってアメリカで初の女性大統領が誕生した」ことを示すため、大統領選挙に勝利した時に、ガラスの天井越しに打ち上げ花火を見せる趣向も当初は用意していたものの、直前になって花火の打ち上げをキャンセルしています。

私は、ヒラリーはトランプとの選挙戦で相当に苦戦しているとわかっていたと思います。私は、ヒラリーが勝利するとしても選挙当日の花火の打ち上げに適さない、夜遅い時間になると直前になって考えたのかもしれないと思っています。

このようなぎりぎりの選挙戦でヒラリーは敗北したのです。感情の爆発を制御できなくなるのはさもありなんなお話です。

ヒラリーの敗北宣言は、次のようなものでした。

★民主党ヒラリー・クリントン候補、敗北宣言（要旨）

「昨晩、（大統領選挙に勝った）ドナルド・トランプ氏を私は祝福して、わが国のため、ともに頑張っていきましょうと伝えました。私は彼がすべてのアメリカ国民にとって良き大統領になることを願っています。

この結果は（支持者を含めた）私たちが望んだ結果ではありませんし、私たちが身を粉にして取り組んできた選挙結果として望ましいものでもありません。国を想って取り組んできた選挙に勝てなかったことを申し訳なく思います。

しかし私はこのすばらしい選挙戦、すごく大切なものであり、多様で創造的でとてつもないエネルギーが必要だった選挙戦をあなたたちとともに戦い抜いたことを誇りに思い、感謝しています。

この結果に多くの方が失望していることはわかります。私を応援してくれた何千万人という国民も同じく失望していることと思います。これはとても痛ましいことですし、この痛みはしばらく尾を引くことでしょう。しかし、これだけは忘れないでください。私たちが選挙において主張してきたことは、決して特定の誰かの利益のためというわけではないということ、私たちが愛するこの国のためであったこと、そしてアメリカを希望にあふれたすばらしい精神性を内包した国にするためであったことを。

私たちはこの国が思った以上に分断されていることを目の当たりにしました。しかし、私はまだアメリカという国を信じています。そしてその気持ちはこれからも変わりありません。そして、もしもあなたも同じ気持ちであれば、今回の選挙結果を受け入れなければなりません。そして未来へ向かなければなりません。

ドナルド・トランプ氏は私たちの大統領になります。私たちは彼に開かれた心と導く機会を委ねることになります。

私たちが信じるところの憲法民主主義は、権力が平和的に禅譲されることを重んじています。私たちはそのことを大切にしています。またそれと同じく法律によって、誰もが平等な権利と尊厳を持ち、表現の自由と信仰の自由が保障されています。私たちはこの原則を守っていかなければなりません。

今回選挙に負けたことは辛いことです。しかし、どうかどうか、戦う価値があると信じられることのために立ち向かうことをやめないでください。それは常に価値があることなのです。そして私たちは今も、そしてこれからも戦う必要があるのです。

すべての女性、とりわけ今回の選挙で私を支持してくれた若い女性に知っておいてほしいのは、あなた方が私を信じてくれたことを私が何よりも誇りに思っているということです。

私たちは、あの最も高いガラスの天井をいまだに破っていない（女性大統領が誕生していない）ことを私はわかっています。しかし、いつか誰かが、願わくば私たちが考えているよりも早く、そのことを実現することでしょう。

そしてこの会見を見ている幼い少女たち、あなたの価値と世界には多くの機会が転がっていて、あなたはその機会を手にすることができるのだということを決して疑わないでください。」

★脱〝ロビイスト〟政治でインパクト

今回トランプは、まったくロビイストに頼らない選挙をしたのです。しかも勝ってしまったのです。これは本当にすごいことです。

トランプは、4000人くらいを政治職員として任命する場で「職員に任命される皆さんには、〝自分たちは、省を退職した後、5年間はロビー活動をしません〟と宣誓してもらいます」と宣言しました。省の人事で「退職後、5年間はロビイストにならない」と宣誓させるのはトランプが初。政治的にみて極めてエポックメーキングな出来事です。

大方の役人は、省を退職後にロビイストとして活躍し、選挙で議員の票を取りまとめたり、寄付を集めたりしています。だから、政治家はロビイストに弱いのです。

トランプは、大統領選の選挙資金の大方を自費で賄いました。だから今後トランプは、ロビイストに厳しい姿勢で対処していくことになるでしょう。

アメリカ中部の人々などは「(政治家とロビイストは) 俺たちのことを顧みてくれない」と不満に満ち溢れています。このような政治が変わっていく大きな要素になると思うのです。

政治家の資金集めはもちろん、票固めをしているのはロビイストなのです。ヒラリーは、DMCなどとつながって政治資金を得ています。DMCに代わって、政治資金を取りまとめているロビイストが活動できなくなれば、アメリカの中央政府は相当に変わるはずです。

第3章

大統領就任から100日で「アメリカ・ファースト」の国家が誕生する

蜜月期間はない。
すべての施策は「アメリカ第一主義」から

TRUMP

MAKE AMERICA GREAT AGAIN!

★トランプは、すべてのアメリカ人の大統領

トランプの大統領選挙の勝利宣言における第一声はこのようなものでした。

「私は、すべてのアメリカ人の大統領になります。私に投票しなかった人も含めてのことです」

私は、これはすごいことだと思いました。トランプ自身、アメリカは〝分断〟された国家であると知っているのです。それを利用して大統領選挙に勝利したのですが、分断そのものは彼がそうしたわけではありません。

国が分断されているところに、トランプが乗り込み、選挙を戦い勝利したのが真実です。であるが故に、トランプの大統領としての最初の仕事は、分断されているアメリカを、ひとつにまとめることを理念に掲げ、政策の具体化に取り組ん

でいくことになります。

トランプの勝利演説を見てみましょう。

★トランプ、大統領選挙勝利演説（抜粋）

「つい先ほど、クリントン国務長官からお電話をいただきました。

私たちの勝利についてのお祝いの言葉を彼女からいただきました。私も彼女と彼女のファミリーの敬服すべき努力に対して賛辞をお送りしました。

彼女は、この選挙期間中、とても長くとても熱心に精一杯活動をしていました。私たちは彼女の努力を無駄にはせず、感謝し、この国に還元していく責任があります。心からそう思っています。

そして、今こそ、この国のために、私たちは分裂をひとつにするときが到来しました。共和党や民主党を含めた、この国に存在するすべての政党が結束し、結合した国民としてひとつの組織となるときです。

その時が来ました。私はこの都市のすべての市民にお約束します。私は、すべてのアメリカ人の大統領になります。それはとても重要なことです。

私はこの国に住むすべての人の代表となることを誓います。私のことを支持しないという選択をとった方々にも、この偉大な国をひとつにするために、みなさんの助力をいただけるよう、手を差し伸べたいと思います。

最初にお話ししたように、私たちはキャンペーン（宣伝活動）をしていたのではなく、輝かしい未来を信じて、自分たちのため、家族のために、この国を愛する数百万人にも及ぶ人々の活動による偉大で信じがたいムーブメントが起きていたのです。

この国は、政府は国民のためにあるべきだと信じている、宗教、信念や人種の違う様々なバックグラウンドを持つすべてのアメリカ人によって構成されています。

そして一丸となって力を合わせ、私たちはこの国を再び立て直すという任務に就くわけです。それはまさしくアメリカンドリームの実現です。私は、これまで自分の人生をビジネスに費やし、いろいろな可能性を、世界中のプロジェクトや、また人材の中に見出してきました。しかし、これがまさしく私がこの国のためにやりたいことなのです。

そして今、そのポテンシャルをこの国のために使いたいと考えています。それはとてもすばらしいことで、忘れられていた我々アメリカ人のポテンシャルに気づくことでしょう。この国の男性が、女性が、すべての人たちが忘れられることはありません。

私たちの高速道路や橋、トンネル、空港、学校、病院などインフラを再整備し、都市を再生します。これは優先順位として最上位に置かれ、その過程において数百万人の人々がこの国を再生のために活用されていくのです。

私たちは、退役軍人に対する課題にもしっかり向き合っていきます。

この18カ月間の長い旅で、すばらしい方々との活動を通じて多くのことを学びました。そして、そのすばらしい才能をみなさんに還元できるよう、国家成長のプロジェクトを促進していきます。この国の成長、再生、そしてすべての人たちの才能が生かされる社会、そしてそれらの才能が全体の利益につながっていく、そういった社会を築いていきたいと思います。これは確実に起こります。

私たちはすばらしい経済計画を持っています。経済成長を2倍にし、世界で一番の経済大国にすると同時に、わが国と進んでいい関係を築こうとする国々すべてとうまくやっていきます。

それらの国々とすばらしい関係を築いていきます。大きすぎる夢でもなければ、偉大すぎる挑戦でもありません。私たちがしようとすることはすべて実現可能なのです。

アメリカはもう最良の国という立場以外に甘んじることはありません。私たちは、わが国の運命を再生させ、大きくて勇敢で思い切った夢を抱くべきです。そして、再び私たちはすばらしい成功を収めることを夢に描こうではありませんか。

私たちは常にアメリカの利益を優先して考える一方、公平に取引するということを世界中に伝えたいです。しかしながら、すべての人々、すべての国々と、敵意を持つのではなく、パートナーシップを、共通点を見出していくような関係の構築に努めます。」

写真：UPI アフロ

★すべての施策は「アメリカ第一主義」から

トランプは〝アメリカ第一主義〟を基軸に据えて、最終的には大統領選挙に勝利しました。この〝アメリカ第一主義〟ですが、アメリカ国内では決してネガティブな評価をされるキーワードではありません。ヒラリーも「私も、アメリカ第一主義よ」と公言してはばからないほどです。

ただし、トランプのように政策の基軸として明確に打ち出したのは、彼が歴代大統領で初です。私は、アメリカ第一主義の思想に基づいてトランプが政策を有権者に打ち出していったので、選挙での主張がヒラリーと比べて極めてわかりやすかったとみています。

またトランプは大統領選挙戦で有権者に「今のアメリカは、世界の理念、民主主義、繁栄を保証する役割は持てない」と〝宣言〟してもいたのです。

オバマ大統領は、平和と民主主義という〝理念〟を世界中に広げる役割があるという姿勢を最後まで崩そうとしません。このことに対してトランプは、「アメリカの理念なんて、世界には押し付けない。あなた方はあなた方中心に考えて行動してください」というスタンスです。

トランプが「日本の核武装を容認した」と、世界が仰天するニュースが流れた時期もありましたが、「日本は自国のことを考えて自主的に核兵器を持つと言ったとしたら、アメリカはこれを止められない」という文脈で〝核武装容認論〟が出てきたわけです。

「アメリカ・ファーストというからには、ジャパン・ファースト（日本第一主義）もありですよ」と、トランプは言っているだけのことです。誤解を避けるために言いますが、トランプは「日本に核武装をしてくれ」と言ったわけではないのです。

★すべてのアメリカ人の分断を最小化

私にとって、トランプのキーワードで興味深い一言があります。

トランプは大統領選挙戦の終盤に、こう言っています。

「大都市部の黒人の皆さん、あなた方はこの8年間で本当に幸せになりましたか？　なっていないでしょう。ならばこの私を（大統領に）選びなさい。これ以上悪くなることはありません。一回、私を選んでみてください」

トランプは、「アメリカで今、一番虐げられているのは、都市部の黒人ではないか。その対策が必要だ」ということを言っていました。私は、大都市の黒人を対象にした新政策をトランプは具体化するのではないかと考えています。

人種差別主義だとか、白人至上主義だとか言われているのを、トランプは百も承知です。ですが、人種の違いを超えて、アメリカの下層とも言われる人々が存在し、虐げられていることも存知しています。この人々を対象にした対策を実践していくのではないかと、私は思います。

これは従前の評価を覆す理想主義的な考え方があるとみてよいでしょう。

さらにトランプ氏の発言で、注目するべきは「イスラムだから……」「ヒスパニックだから……」と批判している際に「アメリカの……」と枕に付けていないこともあります。

アメリカの外から入国してくる悪は徹底的に排除するという考えがあるからです。たとえば、「イスラムを口実にしてアメリカで悪だくみをするのであれば、徹底的に排除する」「ヒスパニックは、アメリカに入国したいならば、合法的に入国してきなさい」と言っているだけなのです。

すべては「アメリカ第一主義」という考えを守るためにしていることです。

現在、アメリカ在住のイスラム教徒や、ヒスパニック系の人々が反トランプを旗印にしたデモ行進、抗議行動を続けています。

トランプが大統領選挙に当選した直後から、「トランプは反イスラムだ」「女性蔑視だ」などとした〝反トランプ〟のデモや集会が起こったようです。これを見て私は、アメリカの若者がいかに先述の「ポリティカル・コレクトネス」に染まり切っているか、如実に感じさせられました。

私は、ヒラリー支持層を中心に〝反トランプデモ〟が起こった理由を、「ポリティカル・コレクトネス」を主張していたオバマ大統領とその後継者たるヒラリーがいなくなることで、一部の若者が心の支えを失ったに等しいと感じたからとみたのです。

私は、ヒラリー支持者らの気落ちは理解できます。しかし、本音で語るトランプの支持の高まりをみると、ほとんどのアメリカ人は、オバマ大統領の「ポリティカル・コレクトネス」の考えに基づくスローガンの数々を支持していなかったとみえます。

反トランプデモは、トランプの考え方が有権者に浸透すれば徐々に鎮静化していくでしょう。

アメリカ合衆国憲法では、抗議する自由が認められているので、デモ行進そのものは違法行為ではありません。民主的に選ばれた大統領に対して「反対だ」と言っているのは矛盾だとわかるはずです。だから、眼に見える抗議活動そのものは鎮静化に向かっていくでしょう。

しかし、心理的な分断は残る恐れがあり、これをどう乗り越えていくかが課題になるでしょう。閣僚人事に注目したいところです。

★プリーバスとバノンの両氏がトランプ思想を具体化するか

私は、トランプが現時点までに仕掛けた人事は秀逸とみています。

首席補佐官に任命したラインス・プリーバスは、共和党の各議員に資金を配って歩いていた人物です。各議員がどのようなことをしていたかをよく知っています。このような人材が首席補佐官になったということは、議会対策でホワイトハウスが一歩先んじる余地を大きくしたという見方も可能です。

トランプ大統領は実は、お飾りであり実際は議会共和党などがイニシアチブを取るという誤解もされていますが、私はそれはあり得ないと考えています。

議会は、法律を作り、連邦政府予算を作るという責務も負わされています。しかし大統領は、これら議会が行った決議をなかったことにする〝拒否権〟を持っています。大統領には圧倒的に強い、行政権があるので議会は大統領に〝お願いする〟立場にしかなれません。

トランプはプリーバス首席補佐官と、バノン顧問の両方の人事を発表する際に「二人は同等ですよ」と言っています。しかし、私はそんなことはあり得ないとみています。

たとえるなら、バノンがCEO（最高経営責任者）、プリーバスがCOO（最高執行責任者）になるとみてよいでしょう。バノンが決めた方針に基づき、プリーバス氏が物事を動かすようになると、今、アメリカでは予想する人が増えています。

バノンは、先述したブライトバート・ニュースの代表です。哲学的にトランプと近い右寄りの思想を持った人物です。この人が政策を決めるのです。それを受けて実行しやすいようにするのが、プリーバスとなります。議会は、プリーバスを通してバノンの意向を受けて実行していくことになるでしょう。

では議会は、ホワイトハウスの思うように本当に動くのでしょうか。

私は、大統領選挙でヒラリーに圧勝したトランプに、盾突こうとする議会関係者はほぼいないと考えています。まして2018年には中間選挙が行われる下院議会は選挙戦に臨まなければなりません。

こうなると少しでも〝トランプ人気〟にあやからないと、次の選挙は危ないでしょう。だから議会はトランプを大切にする、つまり、ホワイトハウスと議会の関係は友好的にならざるを得ないのです。

★組閣人事は柔軟な姿勢もみえる

トランプ大統領としての今後の方向性については、組閣人事をみるとおおよそわかることでしょう。私は、確実な線として、まずは「仲良し仲間」で組閣していくかと考えていました。しかし実際には必ずしもそうではないようです。

11月27日までに明らかになった組閣人事は、要所で極右派の立場に寄り添う姿勢を崩していません。２０１６年11月18日、司法長官に移民受け入れ反対派で超保守派のジェフ・セッションズ上院議員、中央情報局（ＣＩＡ）長官にイラン核合意反対派でタカ派のマイク・ポンペオ下院議員をそれぞれ指名すると発表しました。

ポンペオは、リビアのベンガジで発生したアメリカ領事館襲撃事件で、当時国務長官だったヒラリーの対応を批判する報告書をまとめた議員の一人です。

また大統領補佐官（国家安全保障問題担当）には選挙戦早期からトランプ陣営の軍事顧問を務めたマイケル・フリン元陸軍中将が指名されています。フリンは民主党員ですが、イスラム過激派に対する強硬路線を主張しています。

選挙戦などを通して敵であった人も仲間として呼ぼうとしています。たとえば、共和党の大統領予備選挙で最後まで競り合っていた、テッド・クルーズを閣内に引き入れようと考えているとも言われています。クルーズとトランプは選挙戦で大喧嘩をしていたのですが、どういうわけか大統領戦後にトランプタワーに呼ばれています。

私は、トランプはクルーズを最高裁判事に任命するのではないかという声をアメリカで聴いています。クルーズは、弁護士資格を持っているのでさもありなんというお話です。

また、前大統領選挙での共和党候補のミット・ロムニーを国務長官に任命するのではないかと言われるほどに、親密な関係を再構築しようともしています。

11月25日付のCNNによると、ロムニーは国務長官就任要請について家族と熟慮していると報じています。またトランプは、ロムニー以外の国務長官候補としてジュリアーニ元ニューヨーク市長などを視野に入れている、ともしています。

トランプは従来、ロムニーについて言葉を選ばないで批判していたのですから、共和党関係者や政治ジャーナリストが大きな驚きをもってトランプの〝変節〟をとらえています。

また、次期政権の国連大使に、サウスカロライナ州のニッキー・ヘイリー知事、教育長官に、教育改革の活動を行っていたベッツィ・デボスの両女性を、それぞれ指名すると発表しました。

トランプが閣僚級ポストに女性を指名したのは、一連の〝女性蔑視発言〟のイメージを払拭したいからでしょう。そして2人とも、当初からトランプの支持者ではありません。私は、トランプとしては、これで党内の融和を演出する狙いもあるとみています。

トランプがこのように共和党関係者が驚愕するような人材登用をしようとしているのは、共和党内の分断を埋めることに精力的になろうとしているからです。

私は、トランプは当初、共和党のなかでの融和を目指しますが、続いてより広い社会に向けた現実の政策を通して、努力していくのではないかと思います。

トランプは69歳と高齢ですが、人材登用の様子を見ると実は柔軟な人物ではないのかとも思えます。

★蜜月期間なしで成果を目指すスピード感がトランプ流

トランプにとって大事なのは、就任後100日間で何ができるかでしょう。

大統領就任後の100日間は〝蜜月期間〟と呼ばれ、国民は誰もが新大統領を温かく見守るものです。しかしトランプの場合は、民主党支持層を中心に「トランプ政権ができるのは信じられない」と大統領選挙直後に批判もされています。だから、トランプにとって蜜月期間はないとみて間違いないでしょう。私は、数々の公約を相当のスピードで実行に移していくものとみます。

実際にトランプの当選後の動きは極めてスピーディーです。選挙終了の2日後にはオバマ大統領を訪問し、5日目には首席補佐官を指名しています。今までの妥協で政治を進めてきた手法と違ったリーダーシップでことを進めていくと思っています。

このことを後押しするのは、大統領から上下院までが共和党一色になっている政治状況があります。

アメリカの上下院議員は、日本と異なり、各議員は選挙区を見て政治活動ができます。党利党略で拘束されることはほとんどありません。ただし、アメリカの上下院議員は法案を作るまで。行政の権利はすべてホワイトハウスに集約されています。たとえば大統領がやりたい政策に反対する議員がいたら「反対ならば、あなたのあそこの橋を造らないよ」と言って、ねじ伏せるぐらいの権力が与えられています。

トランプは、自分の政策を打ち出し実行に移せる体制を相当にスピーディーに整備していくことでしょう。

★オバマケアは公約通りに廃止

オバマケアは廃止になるでしょう。

日本人の感覚では、国民皆保険は当たり前と思うでしょうが、実は日本とアメリカでは保険の仕組みが違います。アメリカでは民間の保険会社に〝オバマケア〟を任せています。これが失敗のもとです。

民間の保険会社を介しての国民皆保険にすると、高額所得者は掛け金が高額になります。そのため高額所得者は不満を感じるようになります。それでも制度が成り立たなくなっていたので、掛け金が大幅に値上げされているのが実情です。州によっては20数％もの値上げになったケースもあるようです。

このように破たんしかかっているオバマケアを、トランプは廃止するでしょう。トランプは、幼い子供たちの保険について空白期間ができるのを防ぐために、一部を暫定的に残すかもしれないと言ったのを「トランプはオバマケアをモデュファイすると言った」つまり、オバマケアは何らかの形で存続するかもという期待が高まった時期もありました。

しかし、オバマケアの廃止については、共和党全体の共通認識ができています。だから私は、モデュファイするのではなく、すっぱりと廃止にすると思っています。大統領就任後にオバマケア廃止の法律を作ってしまうでしょう。

オバマケアを巡っては、低所得者の保険として一定以上の評価をする向きもありますが、一方で、「俺たちは貧しい人々の整形手術代も負担しなければならないのか……」という声があるのもまた事実なのですから。

★減税先行で経済回復に拍車

減税の実施時期ですが、若干の時間がかかるでしょう。大統領の予算教書を発表して、その上下院議会での承認という手続きが必要になるので、早ければ2017会計年度からの減税実施となるかもしれません。

ただ仮に、2017年中に減税が実施されなかったとしても「減税をする」と、トランプが言うだけで景気に好影響を与えるはずです。これは世界経済にも歓迎されると思います。

トランプ政権下での経済の先行きがよくわからないという市場関係者もいます。ですが、これから発足する政権です。いろいろな可能性を秘めています。そうなると、商売人はその一つひとつを金儲けのネタにしようとするわけです。

日本では大統領選挙でトランプ優勢が報道されると、日本の株式市場関係者は「そら、トランプだ、売りだ」とまず株を下げて儲けました。翌日は、株価を上げて儲けていました。こういう輩が大勢います。

ともあれ株価というのは、思惑が反映しがちで目先の利く人が売り買い両方で儲けるという場面は一段落したでしょう。

今後はアメリカの金利引き上げが世界経済の焦点になっていくでしょう。２０１６年12月にはアメリカの金利が引き上げられ、円安に為替相場が振れるでしょう。また、ドル建てで借金をしている国々は相当に資金が干上がることになります。巷間、言われているように中国は大変な状態になるかもしれません。

ただしアメリカ社会の格差は、トランプが大統領に就任した以降もすぐには解消されないと考えます。現在の緊張関係は徐々に解消されるでしょう。ですが、たとえばハッピーな人間が今は30％ぐらいだが、トランプ大統領になって以降は60％になるという程度のものでしょう。

民主主義とは、すべての人をハッピーにはできない、どれだけアンハッピーを減らせるかが関の山です。トランプがやろうとしているのは、悲惨な状態にある都市部の黒人をどうするか、中産階級の可処分所得が相対的に目減りしている状況を改善するなど、不幸な状態にある人々を少しでも多く救おうと、そう努力しようとするはずです。その結果、不幸な状態が解消するかどうかは別問題ですが。

★アメリカ国民に極めてわかりやすい主張

オバマ大統領は「汎アメリカ主義はやめる」と言っていましたが、トランプほど徹底すると考えていたかはわかりません。ですが、トランプの政策方針は一貫しており、外交よりも内政重視、経済政策で輸入品に高関税をかけて海外に横取りされた生産をアメリカ国内に引き戻す、難民問題についてはアメリカに入国させないと、ブレが見られません。私は、アメリカ国民にとって極めてわかりやすい主張だとみているのです。

所得税と法人税の減税については、「財源がない」と実現を危ぶむ声もあります。が、トランプの主張では「まず景気を拡大し、その成果で恩恵を広げていこう」という考え方です。「身のほどに合ったなかで、やりくりしていこう」という守りの姿勢はありません。批判するもしないも、経済的な見方の違いでしかありません。私は、このようなトランプ流は「あり」だと思います。

私は、トランプ流の経済政策を無謀なこととは思っていません。実際に過去、ロナルド・レーガンの経済政策は成功しているのですから。

不法移民を入国させないためにメキシコとの国境に壁をつくるという公約は、トランプは必ずやると私は確信しています。たとえば、CBSのニュース番組でのインタビューでこう答えています。

「(メキシコ国境に)壁はつくるよ。一部はフェンスのようになるかもしれないけど、壁はつくるよ」

トランプの政策の象徴的な存在です。私は、何度も言いますが、トランプはメキシコとの国境に壁を絶対につくると思います。

イスラムの入国規制もするでしょう。

先述の「ポリティカル・コレクトネス」の考え方に基づき、「イスラムだからといって差別してよいのか」というアメリカ人はもちろんいます。でも「イスラムを放って置いてもいいのか」という声があるのも事実です。

トランプは大統領就任後に早速、新しい法案を出して「イスラム国（ＩＳ）あるいは、ＩＳ関連国からの入国者について身辺調査を厳しくする」という制度の実現を目指す構えのようです。

日本の警視庁の資料が、どういった経緯かはわからないのですが、外部に流出したことがあります。その資料は、警視庁が極秘にイスラム教過激派の身辺調査をした記録だったために大騒ぎになりました。

日本国内では「個人情報の侵害だ」、「人種差別だ」という批判の声があがり、結局、裁判になり最高裁判所で白黒つけようということにまでなりました。

最高裁で出された判決を見て、日本以外の世界各国の政府関係者は驚嘆しました。判決では「プライバシーの侵害があった事実には疑いないので、それについての補償をするように」と、命じていますが、「イスラム教徒を調べるのは国家の安全に関わるので、やっても構わない」ともしたのです。

この判決は、日本では大きく報道されていなかったようですが、世界中のマスコミに「日本発」として配信され「日本の国家安全保障の考え方は進んでいる」と注目を集めています。

アメリカも本音では、日本の警視庁のようにイスラム過激派の身辺調査をやりたいのです。その目標に向けてトランプは、イスラム関連の入国規制を何らかの形で実施するでしょう。

私は、トランプの公約の一つひとつに、アメリカが今後、必ず実現しなければならない蓋然性の高さを感じます。いつかは必ずやらなければならないことを、トランプは実行に移そうとしただけかもしれません。

★麻薬密輸が生業、アメリカの不法移民の真実

アメリカで不法移民を低賃金で使っている雇用主は、トランプが目指す不法移民の流入制限には反対しているでしょう。安く使える労働者がいなくなるのですから。しかし、すでにアメリカで労働力となっている移民は不法移民対策に賛成するはずです。なぜならば、これで自分たちの仕事が保障されるからです。

アメリカで不法移民対策がどうして必要になっているのかは、日本では報道されていない事実があるため、理解しきれない面が多くあります。

アリゾナ州では、メキシコからの不法移民が100万人単位で越境してきます。その現場を取材したときに私は驚きました。数百kmもあるメキシコとの国境には4kmほどのフェンスがあるだけで、その他には別段、行動を規制する構造物がな

かったからです。

私が国境警備隊員に聞くと「（4㎞ほどフェンスをつくっているのは）ちゃんと対策していることをみせるためにつくった撮影用だよ」と笑っていました。

こんなのんびりした状況なので、メキシコからの不法移民は自由にアメリカに越境しています。

しかもこれら不法移民は、真っ昼間に迷彩服を着て大きなリュックサックを背負った20人規模の団体だったりします。私が国境警備員に「なんだ、これは」と聞くと「これが不法移民だ」と答えてきました。

彼らが背負っているのは20kg単位の麻薬入りのリュックサックです。中身は、アメリカのとある場所で、非合法な組織に渡す決め事になっています。

迷彩服を着た不法移民たちは、麻薬を渡して身軽になると、移民局に「不法移民です」と自首してきます。移民局は彼らをメキシコに〝強制送還〟するのですが、母国メキシコに返された彼らは頃合いを見てアメリカへの不法入国をまた繰り返す……といった状況です。

「不法移民」の繰り返しでメキシコに御殿が立つほどに儲かるそうです。

メキシコのカルテル（麻薬関連のマフィア）の世話でアメリカに不法入国している外国人のなかで一番多いのが中国人です。カルテルは、中国人であっても2万5000ドルを払えば、先述した〝不法移民〟としてアメリカ国境を超える段取りをつけてくれるケースがあるようです。

南米は不景気で仕事がない、だから不法移民となってアメリカを目指すというケースがないわけではありませんが、ほとんどは2万5000ドルを払えるのです。そうでないと、アメリカの国境は越えられないのです。

国境周辺はメキシコのカルテルの連中が張り込んでおり、下手をすると銃で撃たれることになるので、素人がおいそれと国境を不法に越えようとしても無理です。

私は、メキシコ国境での不法移民とは、かような犯罪組織がらみの実例もあると理解しました。

★不法移民のアメリカ国境越えをメキシコの犯罪組織が支援するばかばかしさ

不法移民の非合法性をあからさまにできる、こんな話題もあります。

私が国境対策をしているチームに取材をしていたとき、点を各所に打った地図を見せられたことがあります。

私が「これは何だね？」と聞くと「アメリカの慈善団体が、不法移民が困らないように水を食料を置いている、その場所を示している地図だ」との返事でした。

「それはどういうこと？」とさらに聞くと、「食料を置いているのはアメリカの慈善団体だが、カネはメキシコのカルテルから出ていて、食料などの置く場所は〝ここが良いのでは〟と、指定してくる」のだそうです。

カネも慈善団体向けの寄付という形で用意されているのです。

こんなばかばかしい話もアメリカの不法移民の一面です。アメリカにこんな話が広まったら、有権者の間で「もう、移民の受け入れは止めた方がよいのでは……」という雰囲気になっていくのも道理です。

トランプが掲げた荒唐無稽な公約ですが、メキシコ国境には壁をつくるでしょう。そして、イスラム国関連から入国する人々の身辺調査を厳しくするでしょう。

でもこれらは、アメリカ人が周りに誰もいないと思って、裏山に叫んでいた本音なのです。それ故に、公約を守らなければトランプ政権は成り立たないのです。

第4章

世界の価値観は「B.T.」「A.T.」で一変する

米中、米ロ、TPP……
Before Trump と After Trump で
変わる世界秩序

TRUMP

MAKE AMERICA GREAT AGAIN!

★世界の価値観は「A.T.」で一変

私は、「汎アメリカ主義」は、いつかは必ずやめなければならないと考えていました。理由は、世界が冷戦終結をきっかけに変わっているのに、アメリカだけは冷戦体制のまま変わっていないという国際的な状況に無理があるからです。

冷戦が終わり、ソ連邦はロシア共和国とその他の共和国に変わり、旧ソ連の衛星国であった東欧諸国は西欧主導のEUに加入するケースもみられます。中国は、冷戦時のままある意味で変わっていないのですが、それと同様にアメリカという国も変わっていなかったのです。

私はトランプの登場で、アメリカがついに冷戦体制とグローバリズムから抜け出すと考えています。そうなると、日本だけが旧体制の発想のまま取り残されるとも危惧しています。

言い方を換えると、世界は「B.T.　A.T.」に分かれるのではないかと予想しています。「B.T.」とは「Before　Trump」、「A.T.」は「After　Trump」をそれぞれ意味します。「B.T.」と「A.T.」を比べると相当違った世界になるのではないかと、なかば期待しています。

たとえば、トランプのブレない軸である「アメリカ第一主義」の考えに基づくと、TPPは「あり得ない考え」、世界が仲良くうまくやっていこうという「グローバリズム」は〝建前論〟にすぎません。そんな理想にかまけるよりも、アメリカの農業や工業を第一に考えてどう守っていくかが重要課題になるというのが、トランプ流です。

トランプは大統領就任と同時に、TPPからの離脱を宣言するとしていますが、おそらくその通りにするでしょう。

防衛問題もしかり。トランプは「日本は軍事的側面で、分担金を払っていない。けしからん」と言っていると〝安保タダ乗り論〟を一部、誤解している面もあります。

しかし私は、「日本が敵国に襲われたら、アメリカの若者が血を流して闘い、守らなければならない立場だが、アメリカが襲われても日本は守らなくても良いという〝不公平な立場〟を定めた二国間の取り決めはあり得るのか？　アメリカとしては止めるべきだ」と言うトランプの考えを軽視するべきと考えられません。「日米安全保障条約というけれど、日本にえらく偏った側面がある」と感じているアメリカ人は大勢います。トランプは、このようなアメリカ人の心情を上手にすくい上げています。

日本はいい加減に、アメリカ人の「本音」を深刻に受け止めるべきです。

かつての冷戦下であれば、「日本はアメリカの敵であるソ連と戦っているから大事だ」とアメリカは考えてくれました。しかし、ソ連解体後の現在は、以前の東西対立はなくなっているのです。中国とアメリカは対立している面もありますが、冷戦下の米ソ対立と比べれば大した問題にまだなっていません。

つまり日本人は、アメリカが日本の安全保障を重要視して行動する根拠は現在、以前よりも希薄になっているとみるべきです。それ故に「有事になったら必ず日本を守るのか？　尖閣諸島が襲われた時にアメリカの兵隊が出て行ってそこを守るのか？　ということはあり得ない」とアメリカ人が考えるのは極めて自然と、認識を改めるべきだと私は感じます。

写真：UPI アフロ

★アメリカ第一主義で必要以上に国際紛争に関与せず

トランプのスタンスは、「アメリカは2度、世界を救ったが、もうそれはできない。だから今後は〝アメリカ第一主義〟でいく。世界のために犠牲になったり、お金を出したりはしません」ということです。

同盟国は、アメリカを頼りにしないでほしいという考えでもあります。自分の国は自分で守ってほしいし、安全保障をアメリカと一緒にというのであれば、あなた方も一緒に血を流してください、という思いもあるでしょう。

また、トランプは、ロシアや中国と対立する必要はないとも考えています。ロシアとは友好関係を築きたい、中国とは貿易関係の課題があるものの、だからといって対立する必要はない、仲良くやっていくと明言しています。

そうなると日本は、非常に難しい外交的立場に追い込まれることになりかねません。欧州と中東もそうです。たとえば、オバマ大統領は現在、中東シリアのアサド政権は独裁政権であり打倒するとしています。しかし、アサド政権を攻撃しているのはイスラム国も同様です。この結果、アメリカにとっては敵の敵は味方といった図式、つまり実質的にイスラム国の同盟国になっているという矛盾に直面しています。

ロシアはアサド政権を支援しているため、シリアでアメリカ対ロシアという奇妙な対立関係が生まれています。

おそらくトランプは「アサド政権は残ってもやむなし、その代わりにイスラム国を打倒する、それもロシアと連携して……」というスタンスをとることになるでしょう。

こうなると、中東情勢が一変します。

その場合、アメリカ政府は拷問を使ってでも、捕虜から情報を得ようとするようになるでしょう。オバマ大統領が拷問を中止した最も大きな理由は、再三のよ

★NAFTA廃止でメキシコは窮地に

トランプ登場によって、メキシコ経済は「売り」一辺倒です。メキシコ・ペソの対ドルレートは急落傾向が続いています。これは、トランプ大統領の誕生によってNAFTAがなくなるという将来像を、多くの方が先読みしたからです。

NAFTAのおかげでアメリカの工場がどんどんとメキシコに移転したため、アメリカ国内の労働者の仕事が失われた、だからけしからんという単純な図式でのみ批判されているわけではありません。実は、メキシコ・マフィアがNAFTAのために増えたという事情もあるのです。

NAFTAは、メキシコで工場をつくって現地の労働者を雇用する制度ではないのです。アメリカの企業はメキシコにつくった工場に産業用のロボットを設置して生産をしているのです。というのも、アメリカ国内ではさまざまな規制があるために、工場に産業用ロボットを大規模に設置できないのです。この結果、工場はできたものの雇用が増えないという状況になり、メキシコは失業者が増えているという状態になっているのです。

職を失ったメキシコ人は、アメリカに不法移民を送り出すなどしているマフィアになるしかないのです。そのため、アメリカにはメキシコのマフィア問題の発端は、ＮＡＦＴＡにあるという論調もあります。

先述しましたが、フォードは売れ筋のピックアップトラックの生産をアメリカ本国の生産拠点にすでに引き揚げています。これと同様の動きが加速し、メキシコ国内でビジネスをする旨みが減った企業が、メキシコから足抜けしていくことになると思います。

今後、メキシコとアメリカがＮＡＦＴＡを止めれば、当然、メキシコ産品に対して課税されることになります。課税した一部は、メキシコとの国境につくる壁の資金にも回されることになるでしょう。

ＮＡＦＴＡの廃止でメキシコは、経済的に楽をできなくなるでしょう。同時に、アメリカの国境警備が厳しくなりメキシコからの不法移民がなくなっている可能性もあるので、今後は、違法薬物のアメリカでの密売で潤っているメキシコの〝マフィア〟が、メキシコ国内でどうやって食っていくかが課題になるでしょう。

★米中関係は緊張から融和に向かうか

トランプと中国の関係は、友好的になっていくでしょう。自由主義と共産主義という違いはありますが、私は、米中は非常に似た国だとみています。トランプは、中国とは経済面での対立はあるかもしれませんが、外交面では友好的であるべきと考えているはずです。これは、外交演説のなかでも繰り返し言い続けていることからも理解できます。

それ故、トランプ大統領以降、中・米関係は改善に向かうでしょう。

今まで以上にトランプ大統領のアメリカは中国を評価するようになるかもしれません。習近平主席が以前に言っていた「太平洋は、西半分は中国、東半分はアメリカで支配しよう」という〝G2〟の考えに基づき、アメリカはハワイ諸島以西に引き上げるかもしれません。

その場合、日本は日本として安全保障を考えていかなければならなくなるでしょう。

経済交渉では、米・中2カ国で厳しい話し合いをすることになるものと思われますが、安全保障面では対立する道は選ばないのではないでしょうか。

というのも、オバマ大統領の考えでは「中国は重要だが、人道面で認められない」として反対をしていました。しかしトランプは「人道問題は、中国の内政問題だ」として関与しないという中国が歓迎する発想を採るからです。両国の思惑が一致したら、その後は米中間で経済面の交渉を行い「二国間の貿易不均衡の解消や、中国国内でだぶついている鉄鋼材料の輸出を差し止めるには……」という話し合いにもっていくだけです。

人道問題抜きで経済交渉をする点について、中国は歓迎するはずです。

★プーチン大統領と馬が合いそうなトランプ

ロシアとの関係は良好になるでしょう。

トランプは一度も会ったことがないプーチン大統領を「あれ（プーチン大統領）は、指導力が強い立派な大統領だ」と褒めています。こう言われてプーチン大統領も悪い気持ちはしていないようで「トランプは面白そうなやつだから、早く会いたい」と言っているそうです。

トランプとプーチン大統領は、いずれも官僚的でない点が似ています。

私は、トランプとプーチン大統領は、レーガン大統領とゴルバチョフ大統領のような親密な関係になるような予感がします。レーガンとゴルバチョフは、ゴルバチョフが弱い立場でしたが、トランプとプーチンはこれと違った形で親密になれると私は思います。

★NATOは中国と接近する可能性も

トランプのNATO政策ですが、「責任分担の明確化」を求めるという、日本の安全保障に関するのと同じスタンスとなっています。

ただし、NATOの最大の敵はロシアです。トランプは、NATOとロシアの懸案事項であるウクライナ共和国のクリミア半島の領有権について「もともとロシアのものだろう」という考えです。それ故、クリミア問題を根拠にしてのロシア制裁をトランプはNATOの意に反し続けないかもしれません。状況によっては、NATOは2階に上がってはしごを外された思いをするかもしれません。

これは私の個人的な推測ですが、NATOはトランプ大統領以降に中国に近づく可能性があります。「遠交近攻」という外交の鉄則に則れば、近くのロシアが怖いので遠くの中国と結ぼう、関係を強化しようとするかもしれません。

NATOの対中政策にアメリカの外交がどのように絡んでくるかはわかりませんが、いずれにしろ、アメリカがNATOに関与する頻度は減っていくと考えられます。

★TPPは離脱、新たに二カ国協議で枠組みを決める

アメリカにとって利益となる話であれば事情は別でしょう。しかし、トランプ自身が掲げる「アメリカ第一主義」に反する外交は、今後あり得ないのは確実で

す。これは、ＴＰＰについても同様です。

トランプがＴＰＰを批判している根本には「ルールを、アメリカ以外の政府が口出しして決めるのはけしからん」という考えが根底にあります。アメリカの貿易については、アメリカ政府が本来、方法を決めるものであるのに、他国の政府が決めるのはおかしい。これが交渉ごとや妥協の産物であったにしても、アメリカとしてやり方がおかしいと思える場合、認めないというスタンスでもあります。

イギリスは、イギリス国内の細かな決まりをＥＵが決めるのはおかしいという考えに基づき、先にＥＵ離脱を決めています。アメリカもこれと同様です。貿易のルールをアメリカとして決めたのなら仕方ないが、外国政府が決めたとおりのことには従わないという姿勢で徹底しています。

トランプは２０１７年１月の大統領就任と同時にＴＰＰからの離脱を宣言すると明言しました。

そのため現状のままでは、ＴＰＰは発効できないでしょう。というのも、ＴＰＰは、ＴＰＰの参加各国のＧＤＰを足しあげたなかで、60％以上を占める国が反対した場合、発効しない決まりになっています。TPP参加国のなかでGDPが最大のアメリカが不参加を決めるということは、TPPの終わりを意味するのです。

日本の安倍総理などがいまだに「TPP」と言っているのが間違いなのです。

第5章

トランプ大統領誕生で、日本は不幸になる！

「トランプ後の世界」において
日本の未来を決定づける
３つの選択肢とは

TRUMP

MAKE AMERICA GREAT AGAIN!

★歴史を振り返るとわかるトランプ大統領誕生の蓋然性

日本人は、トランプ大統領が登場するとも、今後のアメリカが「外交」中心から「内向き（内政）」中心に変わると想像していたとも、いずれも言えないと私は断言できます。ですが、歴史にそれほど関心がない日本人であっても、過去を振り返れば「トランプ大統領はあり得る」と思い至るはずです。

第二次世界大戦は、ルーズベルト、トルーマン両大統領の民主党政権が終結に導きました。でも朝鮮戦争にそのまま突入したので、アメリカ国民は疲弊しそろそろ経済重視の政策に進路変更してもよいのではと、考えるようになりました。

トルーマン大統領に続くアイゼンハウアー大統領がアメリカ経済の第二次大戦後の最盛期をつくりました。しかしこの結果、黒人を中心とした人種差別問題、社会的な格差問題が顕在化した結果、リベラル派のケネディ大統領が誕生したとも言えます。

ケネディ大統領は任期の途中で暗殺されましたが、跡を継いだジョンソン大統領が「黒人公民権法」という法律を公布させ、人種差別問題の解決に踏み出しています。

しかし、それらの政府の取り組みに納得できないアメリカ人がいたので、ニクソン大統領、ジェラルド・フォード大統領と右寄りの大統領が誕生したと分析できます。

アメリカは、先述のように左向きのばねが効きすぎたら右向きのばねで方向を是正する社会です。直近のアメリカの状況をみると、オバマ大統領の政策の一つひとつに左向きのばねが効き過ぎとアメリカの有権者は感じているようです。だから、今後のアメリカ社会はトランプに引っ張られる形で相当に、右向きの状況が顕著になっていくでしょう。

なお、右向き・左向きに揺れていたアメリカ社会ですが、例外もあります。

1988年にレーガン大統領の跡をとって、ブッシュ大統領が当選しています。私は、レーガンが右ばねを利かせていたので、「次回は民主党の候補が大統領になる」と読んでいたのですが、その予想を覆す〝レーガン人気〟があったのです。ブッシュ大統領はレーガン政権の施策を継承しての政権運営を続けましたが、結果的に1期4年で大統領の座を民主党に譲っています。これが唯一の例外でしょう。

★トランプ大統領誕生を見誤った日本外交の大失策

日本の外交は、トランプに関して大失策をしています。おそらく11月8日の大統領選挙までは、トランプの当選確率は100％ないというのが日本政府と外務省の共通認識だったはずです。

私がそう確信したのは、在米日本大使の佐々江賢一郎氏が、2016年5月にワシントンでの日米フォーラムで講演したときのエピソードがあるからです。

講演会では「孤立主義を採る人がいるがこれは間違いだ」と大使は述べていますが、本人は名指しを避けていましたが、この一件を取材したマスコミは一斉に「トランプ批判をした」と、報道しています。

トランプ批判を一般の評論家やマスコミがしたのであれば、大事にはならないかもしれません。しかし、駐米大使という日本国を代表する立場の方が公然に批判したという事実は、相当に思い切った行動と内外に受け取られたはずです。

先述の大使の発言の背景には、日本駐米大使館に「トランプは大統領選挙で勝ち目が全然ない、泡沫候補に過ぎない」という思いが垣間見えます。外務省内も一貫していたはずです。だから、2016年9月に、安倍総理が国連総会に出席するためにニューヨークに赴いた時は、ヒラリーと面会していますが、トランプとは会っていないと〝失策〟が起きたのです。

同じ国連総会に出席したエジプトのシシ大統領、イスラエルのネタニヤフ首相は、ヒラリーとトランプの両氏に会った事実と比べて、対照的な行動に思えます。

大統領選挙を戦う候補者は、選挙戦の最中は苦しい思いをするものです。藁をも掴む気持ちで戦っている時に、外国の首脳と会えるということは、勝利につながる追い風になるのです。だから、ヒラリーは、安倍総理に「ぜひ、会いたい」と言ってきたのです。日本の外務省は、そのように言ったと私は聞いています。

一方のトランプについては外務省が「先方から会いたいと言ってこなかった」ので面談がセッティングされなかったとしていました。私は「そんなはずはないな」と思って取材をしてみたら、真実は、トランプは外務省に「(安倍総理と)会いたい」と言ってきていたのがわかったのです。でも日本側は、スケジュール的に会えないような時間を指定したなどで、トランプと安倍総理を会わせなかったのです。

これを聞いて、私は「日本の外務省は〝トランプ大統領誕生はあり得ない〟という考えで凝り固まっていた」と理解しました。

もしもトランプと安倍総理が大統領選挙前に会っていれば、今後の状況は変わったかもしれません。お世辞でも構わないので「次は、ホワイトハウスでお会いするのを楽しみにしています」と一言いって別れていれば、大統領選挙後に電話で「いいや、本当に当選されましたね。11月14日の訪米時にお会いできるのを楽しみにしています」と、言えました。会談の本番でも全然違った成果があったはずです。

外務省の〝失策〟で、大統領選挙前に安倍・トランプ会談を設定できなかったことは、今後の日本の対米外交でマイナスになると思います。

★アメリカのTPP離脱で安倍政権は苦境に

今後の日本が不安定化するかどうかはわかりません。ですが一つだけ言えるのは、今、勢いがある安倍政権にとってトランプ大統領の誕生は大ダメージになると想像できることです。

まずはＴＰＰは、完全に暗礁に乗り上げてにっちもさっちも行かなくなります。また、安全保障面では、自由民主党は日米安保体制を基軸にしてさまざまに政策を考えてきた政党です。安倍総理は特に日米安保を重要視している首相です。今後、日米安保体制が揺らぎ、ＴＰＰが揺らぐと、安倍政権に相当大きなダメージが与えられます。

今の日本は、これまでの日米関係になかった代案が求められているのです。たとえば野党にとってこんなチャンスはないと、私は思っています。しかし野党は「日本の安全保障を根本的に考え直す」などと言ってもいいのに「ＴＰＰ反対」などというだけです。これでは日本国民に対して説得力ある答弁ができるわけがありません。

野党にチャンスが訪れているはずなのに、そうなっていないのは不思議です。ただし、安倍総理には違ったチャンスが訪れています。

2016年12月14日に、安倍・プーチン会談を設定していたことです。この時期は、新大統領の就任直前の空白時期です。だから、日本がなにをしてもアメリカは反対できません。今までは、安倍総理がプーチン大統領に近づこうとするとオバマ政権からけん制されるのが常でした。

しかしこの12月は、オバマ政権は末期のレームダック状態で、トランプ新政権はまだ発足していませんので、一気に日ロ平和条約や経済条約の話し合いを先に進められれば、日本に新しい道が開けてくるのではないでしょうか。

ある意味、新しい安全保障関係をつくれるのではという期待があります。トランプとの会談の後でセッティングされたプーチン大統領との会談は、非常に面白い、注目するべき会談になるはずです。

なお、民進党の前原誠司議員は「(トランプ大統領就任前の) 空白時期に、プーチン大統領との会談はするべきでない、アメリカから何を言われるかわからない」と安倍総理を批判しています。

野党たる民進党が、米ロどちらの政府に気兼ねしているのかわかりません。

ともあれ、トランプ大統領の誕生を目前にして、与野党ともにもっと慌てた方がいいように思います。

★貿易交渉の背後に日米安保体制

トランプのこれまでの人生は「ＹｅｓかＮｏか」、「できるか、できないか」の交渉しかなかったようです。ビジネスマンとしては当然の姿勢で、得をするか損をするかという発想でものごとに対処していたと想像できそうです。トランプの判断の仕方を踏まえて日本は今後、アメリカとの外交関係で、かなり難しい交渉を続けなければならなくなると、私はみています。

今までは、日米安保条約など、アメリカの庇護のあるなかでの貿易交渉を余儀なくされていました。今後、トランプ大統領のアメリカは、「原則、日本の防衛はしない」というスタンスとなり、貿易交渉の前提がまったく変わります。

たとえば牛肉では、アメリカ産牛肉は35％の関税がかけられるために、アメリカから日本のマーケットにほとんど輸出できていないという類いの話をトランプは聞いているはずです。そのような関税率を決めたこれまでの貿易交渉の背後にある安保条約が、日本にとって大きな負い目になっていました。

今後は、仮に日米安保条約の継続を前提にするのであれば、貿易と防衛の両方で外交取引をしなければならなくなります。日本はより難しい交渉を求められる可能性が大きいと私は考えています。

★時には血を流すことも求める、トランプの「応分の負担」

沖縄などの在日米軍については、「日本に費用の全額を支払わせる」というのがトランプの大公約です。あらゆる場所で言っているので、おいそれとひっくり返せる公約ではありません。

私はおそらくは、日米安全保障条約の話し合いのなかで必ず出てくる話題となるとみています。ただし、注意したいのはトランプは「応分の役割分担ができないなら同盟国ではない」と言っている、つまりただ「金を出せ」と言っているのではありません。

たとえば、在日米軍の軍人の人件費を全額、日本が負担するとしたら、これはアメリカ軍が傭兵として日本に雇われていることと同義になります。そんなことは起こり得ません。

トランプが日本に言った「応分の負担を」とは「一緒に血を流せ」と言い換え可能な一言です。

実際、日本の米軍駐留費の負担は世界的に突出しています。ドイツは30%前後、韓国は50%前後です。日本は最多の74%ですが、アメリカのために血を流さないでこれまできたので「日本は応分の負担をしていない」と、アメリカから見られるのです。

今後の日米交渉では、お金以外の面での応分の負担について論議を尽くすことになるでしょう。「駆けつけ警護をするから、応分の負担している」というロジックは通用しません。駆けつけ警護だけが、トランプが言う「役割分担」と思われては困るという話にもなりかねません。

★遠くない将来、在日米軍撤退も

トランプとの話し合いを通して、日本として安全保障をどうしていくかを考えるきっかけになると思われます。人件費も払うことになると、米軍が日本に傭兵として雇われるのかという論議に発展することになりかねません。将来的には、「在日米軍の撤退」という事態も起こり得ると肝に銘じておくべきでしょう。すぐに米軍が日本から撤退するかどうかはわかりませんが、遠くない将来に撤兵する可能性は極めて大きいと言えます。

というのも次のような先例があるからです。

1968年にイギリスのウィルソン労働党政権が、「スエズ運河から西のイギリス軍はすべて撤退する」と発表。当時のセイロン島、マレー半島、アラビア半島からイギリス軍を引き揚げました。当時は誰もが「イギリス軍が撤兵するのはあり得ない」と思っていました。でも、実際にイギリス軍はスエズ運河より西に撤兵したのです。ウィルソン政権がこのようにした理由には、イギリスは財政的に海外派兵を続ける余力がなくなっていたことがあります。

今回のトランプの発言と行動は、当時のイギリス軍撤退時と極めて状況が似通っていると私はみています。

トランプは「今後は、アメリカ第一で考えます。各国はそれぞれ安全保障を考えるべきだ」というのがブレない主張です。だから「日本が核武装をするならば、それは構わない」というロジックにもつながるのです。

誤解を招かないように補足をすると、「日本は核兵器を持て」と言ったのでありません。「日本は自己責任で国防を考えなさい、検討した結果、必要であれば……」という考えから発展した〝日本の核武装容認論〟だということです。

いずれにしても、アメリカは日本の安全保障に今までのように関与できないというのがトランプの持論です。これは、世界規模でもあてはまります。将来的には、1968年のイギリス軍のように水を引くように撤兵していくと私は思います。1968年は1000円／1英ポンドという、強いポンドが世界を席巻していました。でも、イギリス軍は撤退しています。円安ドル高に触れつつある為替相場をみるとますます、かつてのイギリスを彷彿とさせるアメリカ軍の撤退はあるのではないでしょうか。

★尖閣防衛でアメリカ軍は頼れない

たとえば尖閣諸島に中国軍が上陸したとして、オバマ政権であってもアメリカ軍を派遣するかというと私は疑問です。「がんばれ」というニュアンスの声明を発表して様子見をするのが関の山です。

実際、中国が南シナ海で南沙（英語名スプラトリー）諸島の埋め立てを進めていた時、周辺国は「何とかしてくれ」と言いましたが、なかなか重い腰をあげようとしませんでした。アメリカ国防省は「航行の自由作戦」と銘打ち、周辺海域でアメリカ海軍の軍艦を航行させて中国をけん制しようとホワイトハウスに進言していますます。しかし、ホワイトハウスはその提案をことごとく却下しました。国防省の進言を却下した当事者は、オバマ政権の国務長官を務めていたヒラリーです。

国防総省は、南沙諸島に飛行場ができる前にけん制するべきと言っていたのに、ホワイトハウスは動きません。トランプもヒラリーと同様に軍事的には動かないでしょう。

これは、尖閣諸島での有事が起こったケースにも当てはまるはずです。

今回の大統領選挙では、共和党と民主党の2大政党以外に、第3の候補者も選挙戦に打って出ていました。リバタリアン党が指名したゲイリー・ジョンソン候補がその人でした。ニューメキシコ州の知事を務めて、大統領選挙では得票総数の7％を得た立派な候補でした。

しかし、この候補の発言を聞いて、私は腹を抱えて笑い出しそうになりました。

とあるテレビ番組のインタビューで「あなたは、大統領に当選したらアレッポはどうするのか」と問われて「アレッポはなんだ」と問い返したのです。

アレッポは、シリア政府軍と反政府軍が激戦を繰り広げている町の名前です。大統領になった場合、重要な国際問題として直面するはずのシリア問題に関して、アメリカではこの程度の認識なのです。そうなると、「尖閣？」となるのは明らか。その程度の認識の案件にアメリカが深入りすると思えません。

★ジャパン・ファーストで国益を考えるべき

では、日本は今後、トランプ大統領と交渉していく過程で、どのような取り組みをするべきでしょうか。

まず、上下院の両院で多数派を占めた議会共和党に工作しても意味はありません。やはりトランプ大統領と直接、交渉するべきです。

その過程では、日本が今後、何をするかを明確化しておかなければ話が進みません。今の日米関係は「アメリカ・ファースト」に「ジャパン・セカンド」で追随している状況です。今後は「ジャパン・ファースト」にするか、従来通りに徹するかの二択を求められるはずです。

たとえば「アメリカの言う通り、駐留経費を増額します。平和憲法も改正して、アメリカ軍と共同作戦をできるようにして、血を流します」と言うのか、あるいは、アメリカ抜きで日本の安全保障を考えるか、このいずれかを選択するよう求められるかもしれません。

実は、〝第3の道〟がないわけではありません。それは、フィリピンのドゥテルテ大統領のように中国寄りの姿勢にシフトするという選択肢です。

南シナ海では、中国がどんどんと南沙諸島の埋め立てをするなど海洋進出をしていたのに、アメリカはフィリピン寄りの政策を一切していないという不満がフィリピン政府にはありました。その半面、麻薬犯罪者を処刑していることは「人倫に反する」とアメリカに批判されていました。

資金援助もしないのに、批判ばかり続けるアメリカへの不満が高じたフィリピンのドゥテルテ大統領は、中国との友好関係を結ぶ道を選びました。

中国の属国になるという批判にもつながりますが、日本もドゥテルテ大統領にならって中国と関係強化をするという道もあります。あるいは日本として自主防衛する道もあります。さらには従前通り「アメリカ・ファースト、ジャパン・セカンド」の道を採り続けるか。この3つの道のどれを採るか、真剣に選択しなければならない時代が、すぐに訪れるのです。

★トランプ大統領は世界を変えると認識するべき

私が言いたいのは「今後の日本は、希望的観測ではなく、トランプの現実を見て判断するべき」ということです。これまでの前例にならって「こうなるだろう」などと希望的観測でトランプ大統領のアメリカをみるのは間違いです。私はそう思っています。

トランプは、アメリカの政界だけでなく世界の政界においても革命的な存在であると私はみています。だから、「トランプ氏が大統領になった暁には、まともな意見を言う人の話を聞き、日本のことも考えてくれるだろう」と、希望的観測に基づき将来展望するのは極めて危険です。

まずは「トランプが大統領に就任すると、あらゆるものが大きく変わる」と身構えておくのが肝心です。身構えていたけれど、結局、元通りであったのであればそれはよいことです。ですが「トランプは日本とうまくやってくれるのではないか」と楽観していると、足元をすくわれかねません。

私は敢えて言います。

「トランプは世界を変える」

こう言い続けていた方がショックは少ないと、私は思っています。

★おわりに★

2016年アメリカ大統領選挙で共和党のトランプが勝利した理由のひとつに、最大のライバルであった民主党のヒラリーの良くも悪くも保守的なイメージが強すぎ、有権者がトランプに変革を求めたということがあります。

しかしトランプは、大統領選挙での勝利が確定して以降、「メキシコとの国境に壁をつくる」と言っていたのを「(メキシコ国境に)壁はつくるが、一部はフェンスのようなものになる」などと過激な発言が鳴りをひそめ、徐々にトーンダウンをしてきているとも見受けられます。また、同性同士の結婚を容認するかのようなトーンで発言したり、自身の政権が社会的弱者を切り捨てるものではないという主張も始めています。

そういった発言のトーンの変化だけをとらえてトランプは選挙戦を戦っているとき特有のブラフとして過激な発言をしていただけ。大統領に就任したらこれまでによくみた政策を粛々と実行するかもしれないと〝誤解〟するのは早計です。

2016年11月末にキューバのカストロ元書記長が死亡したときには「アメリカとキューバ、アメリカにいるキューバ難民の全員のためになることがないなら、オバマ政権が実現した国交正常化を白紙に戻す」としました。

オバマ大統領は、キューバとの国交正常化に際して、政府援助を約束していましたが、トランプは対日本や対ドイツと同様に支出をするのであれば相手国から〝応分の負担〟を求めると、改めて持論を展開したわけです。


アメリカの大統領選挙では、どのように候補者を見せていくのかイメージ戦略を含めて「選挙のプロが緻密に戦略を練り上げていたという常識」があります。トランプの一連の行動は選挙のプロが何らかの形で関与していたかもしれません。しかしキューバのカストロ議長死亡時の発言を聞いた限りは、プロの指導は受けていない独自の信念で発言している可能性がありそうです。

勝手に「トランプはじきに現実路線に立ち返る」と誤解していると、予想外のプレッシャーをトランプに与えられて足をすくわれる恐れがあります。

皆さん、日本が日本人自身の利益を直視し、自立した対応を考える時が、今、やってきました。

2016年11月

木村太郎

ゴマブックス株式会社の書籍

【DVDブック、POD（プリント・オン・デマンド）、電子書籍】

【2017年1月末発売予定】

『トランプ大統領就任演説DVDブック』

アメリカ合衆国第45代大統領に就任する
トランプ氏は、何を語るのか?
全世界注目の就任演説を収録。

【DVD】

【好評発売中!】

**『木村太郎が斬る! トランプ後の世界
木村太郎が予言する5つの未来』**

米国、日本のマスコミが伝えられなかった
米大統領選トランプ勝利の裏に隠された
米国の真実を語る!

定価:3,300円+税

【電子書籍】

2016年11月8日に実施されたアメリカ合衆国大統領選挙は、大方の予想を裏切りドナルド・トランプ氏が勝利しました。本書ではヒラリー氏の敗北宣言の全文と対訳を掲載、ヒラリー氏が未来のアメリカへ託す思いを読み解くものです。

2016年11月8日に実施されたアメリカ合衆国大統領選挙は、大方の予想を裏切りドナルド・トランプ氏が勝利しました。この勝利宣言を読み解くことで、トランプ氏の本当の姿を垣間見ることができるかもしれません。

アメリカを復活させる——。シンプルな単語の羅列だけで、一気に共和党の大統領候補の指名を確実にしたドナルド・トランプ氏。トランプ大統領が誕生したら、日本にはどのような影響がもたらされるのでしょうか?

木村太郎（きむら・たろう）

1938年生まれ。米国カリフォルニア州出身。慶應義塾大学法学部卒。1964年NHKに入局。1974年より海外支局特派員として、ベイルート、ジュネーヴ、ワシントンで過ごす。1982年より「ニュースセンター９時」のメインキャスターを務めた。その後、フリージャーナリストとなる。湘南ビーチFMの代表のほか、フジテレビ系「Mr.サンデー」のコメンテーターも務める。

トランプ後の世界
木村太郎が予言する５つの未来

2017年1月10日　初版第１刷発行

著　　　者／木村太郎
発　行　者／赤井　仁
発　行　所／ゴマブックス株式会社
〒107－0062
東京都港区南青山6丁目6番22号
印　刷・製　本／みつわ印刷株式会社
カバーデザイン／森川太郎
カバー写真／AP/アフロ
本　文　ＤＴＰ／平林隆一郎
編　集　協　力／中川聖治

ISBN978-4-7771-1872-4